高中数学文化的教育探索

钟兴　邹锦春　洪建明 / 著

辽宁大学出版社
Liaoning University Press

图书在版编目（CIP）数据

高中数学文化的教育探索/钟兴，邹锦春，洪建明
著. 一沈阳：辽宁大学出版社，2021.10
（名师名校名校长书系）
ISBN 978-7-5698-0449-2

Ⅰ.①高…　Ⅱ.①钟…②邹…③洪…　Ⅲ.①中学数
学课－教学研究－高中　Ⅳ.①G633.602

中国版本图书馆 CIP 数据核字（2021）第 145155 号

高中数学文化的教育探索

GAOZHONG SHUXUE WENHUA DE JIAOYU TANSUO

出 版 者：辽宁大学出版社有限责任公司
　　　　　（地址：沈阳市皇姑区崇山中路 66 号　邮政编码：110036）
印 刷 者：北京米乐印刷有限公司
发 行 者：辽宁大学出版社有限责任公司
幅面尺寸：170mm×240mm
印　　张：16
字　　数：270 千字
出版时间：2022 年 4 月第 1 版
印刷时间：2022 年 4 月第 1 次印刷
责任编辑：李珊珊
封面设计：徐澄玥
责任校对：杨　蕊

书　　号：ISBN 978-7-5698-0449-2
定　　价：45.00 元

联系电话：024-86864613
邮购热线：024-86830665
网　　址：http://press.lnu.edu.cn
电子邮件：lnupress@vip.163.com

第一章

概　述

《新课程标准》要求学生要有正确的数学观和价值观，尤其是数学的文化价值。只有当学生理解了数学的文化价值，他们才能更有意识地学习数学。

数学总是给学生一种"高冷"的感觉，数学给人的距离感在一定程度上阻碍了高中生的学习。近年来，数学文化的教学和教育价值已逐渐得到挖掘和重视。本书致力于将数学文化融入高中数学教学中，以提出渗透数学文化的价值意义、落实数学文化的原则、融入数学文化的角度和策略等。

第一节　数学简介

一、数学的概念

柏拉图相信有两个世界：

一个可看得见的世界，一个感觉的世界，一个"见解"的世界；

一个智慧的世界，一个感觉之外的世界，一个"真知"的世界。

数学是什么？到目前为止，众说纷纭。

古希腊毕达哥拉斯学派说：数学统治宇宙。

古希腊哲学家、数学家柏拉图说：上帝总是让世界几何化。

意大利天文学家伽利略说：上帝用数学来书写宇宙。

英国哲学家培根说：数学是科学的钥匙。忽视数学当然会伤害到所有的知识，因为忽视数学的人是无法理解任何其他科学甚至是世界上任何其他事物的。更有甚者，忽视数学的人无法理解自己的疏忽，最终会导致无法寻求任何补救措施。

德国诗人、思想家歌德说：数学和辩证法一样，都是人类最高级理性的体现。

德国哲学家黑格尔说：数学是上帝描述自然的符号。

美国数学家怀尔德说：数学是一种文化体系。

英国哲学家、数学家、逻辑学家罗素说：数学是符号加逻辑。他还说：数学是我们永远不知道我们在说什么，也不知道我们说的是否对的一门学科。

法国数学家 E. 波莱尔说：数学是我们确切知道我们在说什么，并肯定我们说的是否对的唯一的一门科学。他和罗素各执一词，针锋相对。

中国著名数学家华罗庚说：千古数学一大猜！

万物皆数、符号说、科学说、模型说、工具说、逻辑说、直觉说、集合说、艺术说等不一而足，但不管哪种理论，都很难用一句话来说清，这可能就是数学异于其他科学而作为文化的最主要特点。数学属于世界，几乎无处不在。

二、数学与哲学——显微镜和望远镜

哲学是对世界整体的抽象研究，研究命题涉及所有学科，包括数学。但是在所有的学科中，数学和哲学联系最紧密。因为只有数学最抽象，超越一切自然科学。数学中使用的方法主要是逻辑推理，与哲学研究方法非常接近。当然，它们在很多方面也有不同的原则。

在《数学与哲学》一书中，张景中作了一个形象比喻：哲学是望远镜，它的任务是领导科学。哲学家先于物理学家研究原子，哲学家先于化学家研究元素，哲学家研究元素有限性和连续性先于数学家。当一门科学成熟时，哲学就退出了它的领域。就像旅行者一样，到达目的地后，望远镜将被用来观察更远的前方。数学就像显微镜，只有把特定的物体拿在手里，切成碎片，用显微镜仔细观察，才能找到细微的东西。此外，当数学深入一门学科时，这门学科可以迅速成熟。自古以来，数学和哲学有紧密的联系。数学需要哲学指导，哲学以数学为其重要的研究对象和工具。

三、数学学科体系

美国数学家 S. 麦克莱恩把人类活动直接产生的部分数学分支列了一个表。

计数：算术和数论；

度量：实数，演算，分析；

形状：几何学，拓扑学；

造型（如在建筑学中）：对称性，群论；

估计：概率，测度论，统计学；

运动：力学，微积分学，动力学；

证明：逻辑推理；

分组：集合论，组合论。

从现实世界出发，通过逻辑的和非逻辑的抽象出概念和定义，然后用这些概念和定义来梳理现实世界中的各种构造模型并仔细计算，从而得出确切的数、量、形关系。归纳、抽象、演绎、建模、计算是数学的本质和魅力。

四、数学的基础——计算

科学观察研究表明，黑猩猩在抢香蕉的时候，总是会毫无感觉地把抢来的香蕉丢掉，这说明它们最缺乏的可能是数数能力，人类的起源一定和计算有很大关系。

人类的科学是从计算开始的。有人说人类的科学活动起源于观察。但从动物行为学的角度来看，观察这种行为是很难界定的，而计算则是非常好的界定行为。因为最原始的计算行为就是数数。

算术促使人类最早的科学活动的产生，即天文学和几何学。从数日月星辰，人们发现天体运行正常；从对陆地和山川河流的测量中建立了清晰的几何概念，从而开始了对其所生活的世界的真正认识。这种理解活动一旦开始，就无法停止，演变至今，已成为人类最引以为傲的科学成就。

计算是科学的基石之一，也是科学中最为重要的方法之一，当人类开始意识到在这个世界上孤独存在时，对于日月星辰和风雨雷电的无常和力量该是多么的恐惧啊！而人类把自己从这种恐惧当中解救出来的第一个办法应该就是算数。

科学的历史表明了数学的基础就是计算。

一个很著名的例子就是太阳系行星的运动问题。很久以前，人们就开始记录行星的运行轨道。在古希腊，关于行星运动最有名的研究成果——地心说是由托勒密完成的。开普勒在得到非常准确的行星轨道运行数据的基础上，通过大量计算，最终提出了革命性的开普勒三定律。之后，牛顿出现了。他是计算天才，通过计算从开普勒三定律中得到了他最伟大的发现——万有引力定律。

计算在科学的早期发展中发挥了重要作用，在现代科学技术中也仍然发挥着关键作用。现代科学技术领域广阔而深入。但是，哪里没有计算的数字呢？在一些科学哲学家眼里，它是衡量一个理论是否成为科学的一门学科的标准。

在计算机发明之前，人们不得不采取各种方法来避免太大的计算问题，大量的科技问题不得不进行巨大的计算。随着计算机的升级和计算能力的提高，出现了大量与计算相关的边缘科学和交叉学科，如计算力学、计算流体力学、计算结构力学、计算物理、计算化学、计算生物学、计算胚胎学、计算地质学、计算地震学、数值气象学等。

因此，计算是科学（技术）的基石之一，也是科学（技术）中最为重要的方法之一。

五、数学语言特点

哲学的研究对象是真实而具体的客观存在，但要对其进行抽象的研究，如其存在的本质、发生发展的普遍规律、研究者的认知与存在的关系等。数学的很多研究对象，尤其是现代数学的研究对象，都是非常抽象的，甚至是高度抽象的，比如，非欧几何、拓扑学、抽象代数、泛函分析、逻辑代数等。但使用的研究方法、计算和推导步骤是具体的，可以掌握。究其原因，在于数学语言是形式化的、严谨的、不含糊的，只要一步一步合理推导，完全可以理解。

哲学性的语言是非形式的，用普通的语言说话，往往会产生歧义而混乱。比如，有趣的命题是，先有鸡还是先有蛋？有人说先有鸡。理由是没有鸡，哪有鸡蛋？有人说先有蛋。理由是没有蛋，鸡是从哪里出来的？谁也说服不了对方，长时间争论，始终没有定论。为什么这么说，因为没有对鸡的肉和蛋给出明确的定义。在这一点上，哲学家必须向数学家学习。

数学家对语言要求非常严格，可以说这是基本要求。数学家使用的语言是数学家加工的数学语言，其中使用了必要的数学符号。这种数学符号涉及的数学语言可以严格且正确地进行。另外，数学家非常重视数学概念的清晰性。在进行数学计算和推理之前，必须明确其概念。否则不考虑下一步计算。

就像中国古代有名的"白马非马论"一样，被称为公孙龙子的诡辩命题之一。他本来想说明这里的白马是指具体的马，后述的马是抽象的马，是指马这个概念。此话的意思是想说：具体的马，不是抽象的马（马的概念）。

汉语中的"是"，有两种解释：一是作"等于""等同"解，如："他是王三"，即他与王三就是一个人。二是作"属于"解，如："他是我的同事"，即"他是我的同事之一"。"非"是"是"的反面，即"不是"。在通常话语中，在用到"是"与"非"时，常可能产生歧义。

现在用数学语言来表述"白马"与"马"的关系，把"白马"与"马"都视为集合：｛白马｝——所有白色马的集合，｛马｝——所有马的集合。那么，用数学语言来表述，显然应该有 ｛白马｝≠｛马｝，｛白马｝⊆｛马｝，这比"白马非马"的说法准确多了。

六、数学的外延

数学文化外延非常广泛，它涉及许多学科。马克思早就说过：科学只有在成功地运用数学的时候才真正达到了完善的程度。近年来，特别是数学文化在人文、社会、科技进步等方面的成功渗透，更充分地证明了马克思这一论断的正确性。在数学与教育、数学与文化、数学与史学、数学与哲学、数学与社会学、数学与高科技等交叉方面，派生出了一些新学科的生长点。数学广泛渗透到其他领域。只要社会文明继续进步，我们就会发现，在接下来的两千年里，数学和理性的统治将压倒人类思想中的一切新事物。

七、数学的方法

哲学家所说的方法论是宏观原则，不是具体解决个别问题的方法。数学方法是指能够解决具体问题的方法。问题是数学的心脏，方法是数学的行为。数学最重视解题方法，数学方法丰富多彩。它具有层次性的差异：

第一层次：数学问题解决方法——解决一个或几个数学问题的方法和技巧。比如，解二次方程的公式法和因式分解法，几何作图法、辅助线法、变量代换法等。

第二层次：数学的一般方法——解决一类数学问题的方法。归纳为分析方法和综合方法、直接证明法和间接证明法、分析法等。

第三层次：数学的一般思维方法——解决一般数学问题的方法。

前两种数学方法大多在中学数学课程中描述，第三层意义最普遍，但书中很少提及。

数学一般思维方法，也可以称作思维原则，大致有以下三条：熟悉化原则、简单化原则和灵活性原则，这也是解决任何其他问题的思维原则。

熟悉化原则，很好理解。不管什么问题，只要熟悉了，就有办法。所谓"熟能生巧"，就是这个道理。

简单化原则，就是把问题化简、化简、再化简，直到化为能够解决时为止。其实，我们解决任何问题，都是这样想的。在数学上，最简单的式子莫过于"$1+1=2$"。如果把数学题化为"1或是它的连接"，那当然就解决了。电子计算机只能分辨"0"和"1"这两种符号，为什么它能够解决那么复杂的数学问题呢？办法就是实行简单化：用计算机能够读懂的语言编出程序把数学问题转化为二进制算术问题。就像我们上楼，不能一步登上第三层楼。怎么办？用楼梯连接各层楼，然后沿着楼梯一步一步走上去，把"一步登天"之难化成几十步、几百步的简单动作，用"繁"来解难，完成上楼的任务。实际上，遇到大问题时，我们经常将其分解为几个小问题，并逐步解决，这也是简单化的原则在起作用。

灵活性原则，也很容易理解。在解决问题之前，假定一些解决方案和想法，如果以某种方式碰壁，应该马上改换另一种方法。经常变换思路，改变看问题的角度，每当碰壁，立即回头，勇于试用新的方法，独辟蹊径。这都是灵活性的表现。

学习和掌握数学思想方法的意义，对很多人来说，不是解决数学难题，而是用数学思想方法来思考和解决日常工作和生活中遇到的各种实际问题，也就是所谓的用数学思考问题，解决问题。

如何把数学方法应用到非数学的实际问题上呢？——数学建模。所谓"数学建模"，就是通过分析和抽象为实际问题建立一个数学模型，或列方程，或列不等式，或作几何图形，或建立随机模型等，然后用数学方法来求解，得出解答，提供给人们作分析、预测、决策或控制的定量结果。

因为实际问题和数学模型之间并不完全一致，所以在求出数学模型的答案后，代之以返回原题进行验证，看是否符合实际情况。如果符合，则是问题的答案；如果不符合，就必须重新审视数学模型的合理性，调整、修正甚至更换模型，这个过程可能要重复好几次。这就是数学建模的意义和做法。

八、数学是社会发展的主要推动力

人类历史上迄今发生的三次工业革命，其主体技术与数学新理论、新方法的应用有直接或间接的关系。以第二次工业革命为例，第二次工业革命的主体技术之一是无线通信，但可以说没有数学就没有无线通信。因为无线通信的物理载体每一个电磁波的存在最初都不是基于实验和观察，而是基于严密的数学方法。具体是根据麦克斯韦方程导出的结果。之后，电磁波进入千家万户的生活中。因此，麦克斯韦方程是改变世界的方程，这并不夸张。如果深入了解科学的历史，就会发现这样的方程式不仅仅是麦克斯韦方程式。

第二节　数学的重大进程

一、第一次数学危机（证明进入数学）

第一次数学危机证明了当时希腊的数学进入了数学，数学从经验科学变成了演绎科学，中国、埃及、巴比伦、印度等国的数学没有经历过这样的危机，所以停留在实验科学，即算术阶段。希腊《几何原本》的影响远远超过了数学，对整个人类文明产生了巨大的影响。它对人类文明的贡献不仅在于产生了一些有用的、精彩的定理，更重要的是，它孕育了一种理性精神。古希腊文化大约是从公元前 600 年延续到公元前 300 年的。古希腊数学家强调严密的推理和从中得出的结论，但他们关心的不是这些成果的实用性，而是如何教育人们进行抽象推理，如何激发人们对理想和美好的追求，所以这个时代产生了优美的文学，极端理性的哲学，理想化的建筑和雕塑，这是后世难以超越的。断臂美女维纳斯（公元前 4 世纪）是那个时代的典型代表，是完美和美丽的象征。正是因为数学文化的发展，希腊社会才有了现代社会的胚胎，下面举几个典型的例子：

阿基米德没有将重物用于实验，而是用欧几里得的方式，从相等的重物距离支点等距离平衡的公设上证明了杠杆定律。

牛顿有名的三定律被称为公理或运动定律，根据三定律和万有引力定律建立了他的力学体系。他的自然哲学数学原理具有欧几里得式的结构。

马尔萨斯在 1789 年的人口论中接受了欧几里得的演绎模式。他把以下两个公设作为他人口学的出发点：人需要食品和人需要繁殖后代。然后通过对人口增长和食品供求增长的分析建立了他的数学模型。这个模式简洁、有说服力，对各国的人口政策有很大的影响。

欧几里得模式也扩展到了政治学。美国的《独立宣言》就是一个有名的例子。

相对论的公理只有两条：（1）相对性原理，任何自然定律对于一切直线运动的观测系统都有相同的形式；（2）光速不变原理，对于一切惯性系，光在真空中都以确定的速度传播。爱因斯坦就是在这两条公理的基础上建立了他的相对论。

二、数学的科学思维模式建立

伽利略首次认识到，对事物原因和结果的玄想无法增进科学知识，无助于找到揭示自然的方法。伽利略提出了包含三个主要内容的科学计划。

第一，找到物理现象的定量描述，即连接它们的数学公式。

第二，找出最基本的物理量。这些是公式变量。

第三，在此基础上建立演绎科学。

核心是求出解释自然现象的数学公式，在这个思想的指导下，伽利略找到了自由落体的公式，找到了力学的第一定律和第二定律。这些成果和其他成果是伽利略在《关于两个新科学的方法和数学证明》一书中总结的，这本书花了他30多年的心血。在这部著作中，伽利略开创了物理科学数学化的新纪元，创立了力学科学，建立了设计和近代科学思维模型。

三、解析几何的诞生

解析几何的伟大意义如下：

（1）数学的研究方向发生了重大的转变：古代以几何学为主导的数学转变为以代数和分析为主导的数学。

（2）从常数主导的数学转变为变量主导的数学，为微积分的诞生奠定了基础。

（3）代数与几何一体化，实现几何图形数字化，是数字化时代的先声。

（4）代数几何化和几何代数化使人们摆脱了现实的束缚，这带来了认识新空间的需要，人们从现实空间进入虚拟空间。

四、微积分的出现

微积分是人类智力的伟大结晶。它提供了科学的方法，开创了科学的新时代，强化和深化了数学的作用。恩格斯说：在所有的理论成果中，并不一定像17世纪后半期微积分的发现那样被视为人类精神的最高胜利。如果在哪里看到人类精神的纯洁和唯一的功绩，就是在这里。有微积分，人类就能掌握运动和过程；有微积分，就有工业革命，就有大工业生产，也就有现代化的社会。航天飞机、宇宙飞船等现代化交通工具是微积分的直接结果。数学一跃而上，数学在人类社会第二次浪潮中的作用明显大于第一次浪潮。微积分的诞生，让数学和自然科学联盟看到了惊人的成果，让人们认识到了：

（1）理性精神是获得真理的最高源泉。

（2）数学推理是所有思维中最纯粹、最深刻、最有效的手段。

（3）各领域应探索相应的自然规律和数学规律，特别是哲学、宗教、政治、经济、伦理和美学中的概念和结论必须重新定义，否则，将来它们有可能与该领域的规律不一致。

五、非欧几何学的建立

自从欧几里得几何学诞生以来，很多人对这一几何学分支感到不安，他们主要怀疑第五公设，因为只有第五公设涉及无限，这是人们经验之外的东西。第五公设的研究在19世纪给数学的发展带来了极其重要的成果。比如，19世纪上半叶，数学史有两个重要的转折：1829年左右发现的双曲几何学和1843年发现的非交换代数。

非欧几何学的发现是人类思想史上的重大事件。著名数学家凯塞说，欧几里得的第五公设，可能是科学史上最重要的一句话。并指出黎曼几何的所有定理在球面上都可以得到满意的解释和意义。换言之，自然界的几何或实用的几何，在一般经验意义上来说，就是黎曼几何。几千年来，这种几何一直就在我们的脚下。但是，就连最伟大的数学家也没有想过通过检验球的几何性质来攻击平行线公理。我们生活在非欧平面上，却把它当成一个怪物，真是咄咄怪事！

非欧几何学诞生的重要性，如同哥白尼的日心说、牛顿的万有引力定律、达尔文的进化论，对科学、哲学、宗教都产生了革命性的影响。然而在一般思想史中没有受到应有的重视，它的重要影响是什么呢？

（1）非欧几何学的创立，开始认识到数学空间和物理空间之间有本质的差异。这种差异对理解 1880 年以来数学和科学的发展很重要。

（2）非欧几何学的创立消灭了整个真理王国。在古代社会，就像宗教一样，数学在西方思想中处于神圣不可侵犯的地位。所有的真理都聚集在数学殿堂，欧几里得是殿堂中最高的神父。但是，由于罗巴切夫斯基、雷曼等人的作用，这个信仰被彻底破坏了。在非欧几何诞生之前，所有时代都相信存在绝对的真理，数学是典范。现在希望破灭了，欧几里得几何统治的结束是所有绝对真理的结束。

（3）真理性的丧失解决了数学是如何产生的这一古老问题。数学像高山、大海一样独立于人存在，还是完全是人造物？答案是，数学确实是人类思想的产物，不是独立于人类永恒的世界之外的。

（4）非欧几何学的创立使数学获得了自由。数学家应该探索可能的问题，探索可能的公理体系，只要这样的研究有一定的意义就可以了。

第三节 数学文化

《辞海》中对文化的定义：广义上是指人类在社会历史事件过程中创造的物质财富和精神财富的总和；狭义上是指社会意识形态和与之相适应的制度和组织结构。而数学文化，狭义上讲是数学的思想、精神、方法、观点、语言以及它们的形成和发展；广义上讲，除了上述之外，还包括数学史、数学美、数学与人文的交叉、数学的各种文化之间的关系。

一、数学是一种文化

数学文化具有大文化概念所具有的真（真理化）、善（道德化）、美（艺术化），数学文化的发展足迹是伴随着人类历史的发展足迹的，它见证了人类的文明发展。

二、数学文化的四个层面

1. 知识系统

数学教师无疑是数学文化的传播者，作为教育工作者，工作的主要方向是把前人创造的数学知识传授给学生，让学生能够继承和发扬。如果知识不是数学文化，我们每天在课堂上传播什么？数学知识是人类从最初从事数学活动（研究数学、教数学、应用数学、学习数学或玩数学游戏）到现在创造数学知识的集合，是世界数量和形式的具体描述，无论数学本身的结构和模型，还是将数学应用于其他对象的各种各样的知识，我们从事数学教育工作，是基于相对确定的有限数学知识的教育行为，此时，数学知识是数学文化教育的载体，没有这个载体就不能确定什么是数学文化，没有知识，讲数学文化是无源之水、无本之木，没有知识的数学系统，就没有数学文化。因此，我们数学老师每天在课上教数学，事实上，就是每天在传授数学文化。

2. 工具系统

丁石孙认为，数学的研究对象是客观世界和逻辑上可能的数量关系和结构关系。美国国家研究委员会认为数学是关于模式和秩序的科学。从这两个比较权威的论述中可以体会到，世界虽然复杂，但如果从数学的角度研究，就会给世界模型以秩序，利用数学来认识和改造世界，就是利用数学的工具性。事实上，数学从发展一开始就表现为工具和技术，早期数学的应用是食物、家畜、工具、其他生活用品的分配和交换，房屋、仓库等的建设，土地的测量等。随着数学的发展和人类文明的进步，数学的应用正在扩展到更一般的科学或人文领域。在现代社会，它不再只是辅助工具，而是解决许多重大问题的重要思想和方法。

数学是知识体系，是强有力的工具。这个工具的作用改变着我们的思维和生活，影响着我们的行为。例如，关于生活中对象的说明，我们可以利用集合语言；研究变量之间的关系，可以利用函数；涉及旋转问题，复数是强大的工具，所有生活中的旋转问题都可以通过复数来完成；曲面图形问题，定积分是工具，生活中的面积问题都可以用到定积分；物理力的合成和分解可以通过数学向量来完成……数学工具的作用数不胜数。

值得注意的是，数学中提到的技能、方法、思想都应该属于工具的范畴，是利用数学解决实际问题中不可缺少的工具，但有其他的小工具，也有其他的大工具。这些工具就像行驶的汽车，人没有车跑不了多远。没有这些数学工具，问题就无法顺利解决，要在教学中渗透数学文化，必须突出数学的工具性作用，体现数学的实用价值。教学生数学工具，从而达到以数化人的目的，但现实是高中数学课程乃至大学数学课程都有大量的内容设置，不足以给学生提供足够的工具，这也是学生觉得学数学没用的重要原因。最新的教学大纲对数学文化的强调希望引起课程制定者和教科书作者的注意。要在数学课程中体现数学的工具性作用，首先，要让学生认识到数学对他们的专业是有用的；其次，学生因为学习数学，掌握了一些数学的基本工具，未来工作中遇到的一些困难可以通过这些数学工具来解决。

3. 价值系统

如果数学的工具或技能是显性的，那么数学的价值就是隐性的。数学的隐藏价值大致体现在以下几个方面：

（1）用数学的眼光看世界，用数学的方法描述世界是有帮助的；

（2）用数学思维处理各种实际问题，包括那些看起来与数学无关的问题；学会统一处理各种看似无关的事物，进而把握事物的共性和互联性；

（3）有助于用数学语言分析世界，学会从数据分析中分析问题；

（4）具有重要的思维训练功能，数学提供了独特的思维方式，包括建模、抽象、优化、逻辑分析等；

（5）数学在严谨、准确、有序等方面对学生进行训练，这是其他任何学科都无法替代的。

与此相对应的是人类理性精神的培养和发展。不可否认的是，一个学数学的人，可能在多年以后忘记了数学公式、定理、解题方法等所有的数学知识，但是还剩下什么呢？剩下的就是素养，是一种数学素养，这种素养是在所学的数学知识全部遗忘后剩下的。这就是上面提到的数学的价值，这是数学文化的重要内涵。

4. 史实系统

美国数学家指出，历史上大数学家遇到的困难，恰恰是学生（在学习数学过程中）所经历的障碍。在数学教学中渗透数学史，向学生介绍一些数学家的生平或历史上数学进步的曲折历程，在教学中提供一些真实的数学历史问题，有助于厘清数学概念、数学思想和方法的发展过程，树立整体的数学意识，对数学的概况有一个整体的认识。培养学生学习数学的兴趣，感知数学家求知的艰辛，对于培养学生的人文精神和数学观念，实现数学的文化价值具有重要意义。

数学的历史体系大致可以分为三个方面：

（1）反映数学整体框架的数据，从而认识数学分支之间的关系；

（2）反映数学问题、概念、理论和方法的来龙去脉的数据，可以用来了解数学发展的动机和后果；

（3）包含数学家的生平和研究历史，从而总结经验教训，掌握借鉴问题的方式和方法。

三、用数学思维思考和理解问题

（1）数量观点——只有把握事物的数量变化，才能做到"心中有数"。

（2）函数观点——事物之间的关联性，常常可以用量与量之间的函数关系来表达。

（3）统计观点——用抽样调查和数据分析的方法来处理随机现象。

（4）空间观点——从事物的形体上去认识事物。

（5）网络观点——把事物之间的复杂关系网络化，进行数学处理。

（6）统筹观点——统一规划，全面考察事物的各个方面，考察它与周围事物之间的联系，找出解决问题的最佳方案。

（7）程序化观点——一事当前，先进行可行性研究，合理安排工作的步骤和实施顺序，如果要用计算机来处理，则更要事先编出操作程序。

（8）逻辑观点——说话要有根据，下结论要有充分的理由，办事要有条件。

我们相信，如果在解决问题时，大家都能这样用数学思维去思考，那么，一定能把事情做得更好。

四、数学文化融入高中教学意义

丹麦数学家和数学史家邹腾在 1876 年的数学史论文中强调了数学专业学生学习数学史的必要性，使学生不仅获得了历史感，而且从新的角度看待数学学科，从而对数学有了更敏锐的理解力和鉴赏力。克莱因也指出所有中学和大学数学老师都应该知道数学史，并给出很多理由，但最重要的理由是数学史可能是教育的指导方针。

通过数学文化呈现出数学创造曲折艰难的过程，可以让学生知道其中的可歌可泣的事件和人物。例如，中国古代的刘徽、过早去世的数学双星亚伯和伽罗瓦、勇敢执笔的非欧几何创始人罗巴切夫斯基、为无理数献身的希帕罗、无薪女数学家埃米·诺特、铁窗中诞生的彭色列等，这些素材揭示了人类为追求数学的真理而不断奋斗的曲折过程，从而使学生充分体验了数学家优秀的精神品质和数学内容中所折射出的一些社会优秀的道德，体会到数学探索需要坚强的意志和毅力。

　　面对学生学习数学的困惑不解，教师应在教学中引导学生，告诉他们"人非圣贤，孰能无过；我非神童，岂能无惑。困难挫折家常事"。克莱因说：历史上数学家面临的困难是当今学生面临的学习障碍。在数学教学中，教师通过对作者的介绍、背景分析，使学生了解数学知识的来龙去脉和生长的土壤，丰富学生对数学知识的感性体验；通过对数学故事、数学典故、数学家趣闻等的讲述，使数学知识折射出人的意志和智慧；通过对数学作品的解读，让学生享受数学之美。

　　面对学生学习数学的痛苦，北京师范大学数学系教授感慨地说：数学不无聊，我们教得很无聊。不要再折磨孩子了，把数学的美丽还给他们，消除对数学枯燥无味的偏见，激发学生学习数学的积极性，让学生喜欢数学，我们进行的数学审美教育将成为数学教育的重要和必要的措施之一。

　　作为教育工作者，不仅要接触数学的过去，还要接触数学的现在；不仅要学习数学的科学体系，还要学习数学科学的研究方法，站在历史发展的高度，俯瞰所学知识在数学发展过程中的地位和作用，从整体上加以认识和把握，形成良好的知识结构。

第二章

渗透数学文化的价值意义

　　新一轮《普通高中数学课程标准》指出，通过高中阶段数学文化的学习，学生了解数学科学与人类社会发展之间的相互作用，体会数学的科学价值、应用价值、人文价值，开阔视野、寻求数学进步的历史轨迹，激发学生对数学创新原动力的认识，受到优秀文化的熏陶，领会数学的美学价值，从而提高自身的文化素养和创新意识。那么，如何在日常数学教学中体现数学文化，一直以来都成了近年来数学教育研究中的热点问题。

　　课堂是学生学习这些数学文化知识的主要途径。为了适应课程改革，我们应与时俱进，用新的数学观，特别是用数学文化视角下的数学观来看待课堂教学，要让学生在学习数学的过程中真正受到优秀文化的熏陶，体会数学的文化品位，提高数学的文化修养。

　　本章对高中数学教学视角下的数学文化及其价值进行论述，针对数学文化的分类，在综合参考已有研究和实际教学之后，在实际教学中体现的数学文化主要包括数学典故、数学应用、数学精神和数学美。很显然，这四个方面是高中教学中融入数学文化的四种基本形态，内容上有所交叉。

第一节　数学典故及其价值

　　典故通常指的是一些知名人物及其故事。它可以给人们一定程度的教育和指导，并且容易为公众所熟知。数学典故是数学史的有机组成部分，也是数学史的主要载体。在特殊研究中，教师应经常引导学生回顾数学史；但是，常规教学课程有其特定的教学目标。数学史的建构需要很长时间，而且目标较少。这时，可以应用数学典故。教师可以按照课程设置内容选择一些相关的数学典故，长度可长可短，这样更加灵活和可行。

　　在平时的备课过程中，要注意收集和熟悉数学家的相关典故。这样，在课堂上谈论相关内容、与学生交流时，可以随时插入课堂教学，对学生进行数学文化的人文价值教育。例如，在进行圆柱体积计算公式的教学时，可以介绍"曹冲称象"的故事；在讲解等差数列的求和公式时，可以向学生介绍德国数学王子高斯的趣事；在学习二项式定理时，可以介绍中国古代数学成果杨辉三角等。

总之，数学典故中的数学文化源远流长，包罗万象，可以根据教材相关知识介绍不同层次的相关内容，引起学生的学习兴趣。

一、构造情境

在高中数学课程中，教师通常会通过创建情境向学生介绍新知识，然后对其进行分析和应用。但是，经验丰富的老师知道，当学生接触到一些日常生活中未使用的新知识时，很容易感到困惑，并觉得这些知识不切合实际，对学习缺乏兴趣。例如，初中的"用字母表示数"和"负数"；高中的"虚数"和"对数"。数学文化融入高中教学中，在介绍知识时，如果能适当地向学生介绍一些数学典故或者数学的历史，使学生能够理解知识的来源和演变，并解决探索中的难题，并汲取前辈的经验，从而提高思维的广度和深度。在这样的课程中，学生不仅会获得单一的知识概念，还会获得数学中蕴含的深刻的文化，培养学生学习数学的情感。

二、重构历史

所有学科的发展都不是一蹴而就的，数学也不例外。作为最古老的学科之一，数学经历了三次危机，数学家为数学的发展做出了重要贡献。数学典故的传播是对他们最好的纪念。他们的斗争过程以概念和定理的形式表现出来。实际上，学生的挫败感也可能是历史上数学家所遇到的挫败感。在遇到教学困难（即学生的学习困难）时，向学生介绍数学创建的相关过程可以有效地帮助学生从探索和奋斗中汲取经验和教训，同时也获得了启发和信心。

就像克莱因所说的那样，如果学生只看课本中的简短字词，他们绝对不会想起有多少人的艰辛、困苦与眼泪，但是只要他们了解了这些原因和背景，他们不仅会更多地关注这些知识，还可以从前人的故事中获得克服困难的勇气和决心。老师的工作只是一个转述与传授的过程，使学生可以自然地体验历史并有信心克服困难。

三、合理选材

数学命题是随着数学的发展而引起的一个有趣且实用的数学问题，是数学典故的核心部分，它包含数学思维和方法。它为人们解决一些数学问题提供了很大的启发和帮助。对于具有一定数学知识基础和解决问题能力的学生来说，著名的数学问题仍然可以激发他们对知识的兴趣和渴望。

第二节　数学美及其价值

法国数学家阿达马说："数学家的美感犹如一个筛子，没有它的人永远成不了数学家。"可见，数学美感和审美能力是进行一切数学研究和创造的基础。

正如数学教育家徐利治所说，让学生学会欣赏数学的美，然后培养学生学习数学的兴趣，增强创新能力和创造力，是高中数学教学的任务之一。数学文化美学在数学教育中具有重要作用和显著的影响。

达·芬奇是 15 世纪到 16 世纪的艺术家和科学巨匠。他通过广泛深入地研究解剖学、透视学、几何学、物理学和化学，为从事绘画做了充分的准备。他对透视学的态度可以从他的艺术哲学中看到。他用一句话概括了他的《艺术专论》的思想："欣赏我的作品的人，没有一个不是数学家。"

什么是美呢？美有两条标准：一是一切绝妙的美都显示出奇异的均衡关系；二是"美是各部分之间以及各部分与整体之间固有的和谐"。这是科学和艺术共同追求的东西。

希尔伯特说："我们无比热爱的科学把我们团结在一起。它像一座鲜花盛开的花园展现在我们眼前。在这个花园熟悉的小道上，你可以悠闲地观赏，尽情地享受，无须费多大力气，与心领神会的伙伴一起更是如此。但我们更喜欢寻找幽隐的小道，发现许多意想不到的令人愉快的美景；当其中一条小道向我们显示出这一美景时，我们会共同欣赏它，我们的欢乐也达到尽善尽美的境地。"

为什么把美作为数学发展的动力和价值标准的重要因素呢？因为人们经常忽视它。人们只重视实用方面和科学方面，对于审美情趣、智力挑战、内心愉悦的诸多方面，认为不过是次要的。事实上，实用、科学、美学、哲学因素共同促进数学的形成，将这些贡献、影响的因素中的任何一方剔除，或抬高一方而贬低另一方，都是违反数学发展史的。

在文艺复兴时期，描绘现实世界成为画家的重要目标。在平面画布上真实地表现三维世界的东西是这个时代艺术家们的基本课题。大致来说，远小近大给人一种立体感，但远小是小到什么程度，近大是大到什么程度，这里有严格的数学标准。文艺复兴时期的数学家和画家合作得很好，或者说这个时代的画家和数学家常常身兼数职，他们探讨了这方面的道理，建立了一门门学问的透视学。另外，将透视学应用于绘画创作出了一幅伟大的名画。从这些画开始直到中世纪到文艺复兴可以看到绘画艺术的变革，可以说是自觉应用数学的过程。除了透视外，还有对称、黄金分割、分形曲线等数学概念，也都是绘画和建筑等艺术中美的源泉。特别是对称性，作为美的艺术标准，可以说超越了时代和地域，从中国古代敦煌壁画到荷兰现代画家埃舍尔的作品，从中国北京天坛到印度泰姬陵，都是完美的对称杰作。数学上描绘对称的工具是群，群论是现代数学的重要分支。

目前，高中生对数学的理解和看法普遍存在误解和偏见。消除学生对数学的刻板印象，并引导他们树立对数学的积极看法，美育是一种有效的途径。数学教育者的任务之一是让学生看到数学的美，然后使学生渴望欣赏数学的美。

因此，数学教育应该向学生展示美，提高学生欣赏美的能力，体验数学的乐趣，感受数学的奇思妙想，向学生展示解决数学问题的巧妙方法，并给经常性的数学问题赋予新的生命力和活力。重视在解决数学问题时运用美学观点，这也是数学课堂教学的重点，以反映数学文化的审美价值，从而改变学生的数学观，消除陈规定型观念，树立正确的数学观。

数学之美反映了形状的直觉和数字的准确性。例如，圆形是平面图中最完美的图形。它是一条闭合曲线，但从集合角度来看，实际上圆是一个点集。它的完美之处在于可以满足各种对称条件，并且在混乱中更加有序地体现出来。它按照统一的规律有序地将无数分散的点排列成一个和谐的图形，以及相应的图形，通过圆的代数公式，可以准确地找到圆上的每个点，不多也不少。

教师必须在课堂上引导学生发现数学之美。符号是数学的一大特征，有些人看到符号就像听到优美的音符，有些人看到符号就眼花缭乱，头晕目眩，这与他们对符号本身的认识程度有关。因此，在课堂上要恰当地介绍数学符号的来龙去脉，提高学生对符号的深刻认识。例如，在立体几何学课堂上，应该恰当地提到学生感兴趣的美术绘画，并教授学生如何在平面上描绘立体图形。当然，教师应该注意提高自身的美学修养，让学生有进行美学教育的意识，以数学赏心悦目、追求数学中的美为学习数学的动力，利用数学中美的陶冶的性质，实现数学的文化教育功能。

对高中生进行数学之美的教育可以加深学生对数学的好感，消除学生对数学的偏见和误解，并改变他们对学习数学的态度。在理解数学之美的过程中，学生可以感知数学的理性思维和严谨的逻辑思维，从而增强美学的吸引力，培养情感。而且，作为审美教育的一部分，数学之美的教育有利于学生的全面发展。

第三节　数学精神及其价值

长期以来，数学精神一直激励着人们去思考和探索，并在一定程度上改变了人们的生活和思维方式。融入高中数学教学中的数学精神不仅有助于消除师生在教学过程中遇到问题时的沮丧情绪，而且还为未来的数学教育乃至数学本身的发展提供了新的力量和支持。在数学精神的指导下，师生共同树立了新的教学理念。

一、强调思想方法，培养理性思维

理性精神反映在依靠感知能力对感性材料进行一系列抽象和概括、分析和综合来形成概念，在判断或推论的认知过程中重视理性的认知活动，以寻求事物的本质、规律和内部联系。数学作为自然科学的主要组成部分，对于培养学生的理性精神非常重要。

在将数学文化融入中学数学教学中时，教师带领学生学习公理方法，然后引导他们积极探索事物的内在本质，以便他们逐步找到解决问题的方法。在方法上更加客观和深刻地经过实际测试之后，该方法更加合乎逻辑并且可以经受实践的检验。在课堂上，教师应有意识地让学生注意教学内容所涵盖的数学思想。

二、鼓励质疑讨论，培养求真态度

在高中数学教学中，教师应秉持"真理变得越来越清晰"的思想，鼓励学生勇敢地提出疑问和组织讨论，辩证地思考问题。在这个过程中，可以培养学生探索真理的渴望和坚韧。教师提出问题，指导学生找到问题的症结所在，这不仅仅是促进教学连续性的一种手段。每个询问和问题都应带给学生洞察力，增强学生对追求真理的好奇心，并最终在进行一系列思维转变之后，学生不仅必须掌握知识，而且还必须知道知识的出处和原因。

三、倡导求新求变，培养创新精神

不适应时代变化的国家最终将被世界抛弃，不知道如何顺应时代变化的人也将会被社会淘汰。数学的每一个进步都是数学创新精神的体现。

通过数学来培养创新精神，学生不再是只听老师说的话，而是拥有自己的思维和变革能力。他们可以积极地探索和研究问题，更轻松、更快速地解决问题，并丰富解决方案的多样性。在与创新思维的形成和发展有关的案例的帮助下，教师可以选择与教材有关的内容，并在教学中穿插设计，以使学生重新理解问题，指导他们找到不同的解决方案，重现和体验抽象思维碰撞的过程。这样不仅可以增强教学的活力，而且在重新创造的过程中，学生可以感受到创新的魅力和意义。

第四节　数学应用及其价值

一、数学的应用价值

义务教育数学课程标准明确提出："人人学有价值（用）的数学。"那么，什么是有价值的数学？数学的价值又是什么？由数学的经验性和实践性衍生出来的数学应用的广泛性，直接决定了数学的实用价值。因此，我们学习的数学知识，都是因为实际生活和工作所需，学成之后，也必将为实际所用。新课标特别强调学生将学到的知识再用于解决生活中的实际问题，这不仅给学生一个运用新知识充分发散思维的空间，还能促进学生的探索意识和创新意识的形成，从而提高学生的实践能力，做到能够学以致用。

数学的文化意义不仅在于知识本身及其内涵，还在于其应用价值。因此，在数学教学中，应加强数学与现实生活的联系，并加强数学的应用，使学生体会到数学的应用价值。

在生活中，学生有必要将他们学到的数学知识和技能应用到现实生活中，以使他们感到所学到的东西是有用的，并具有实用价值。只有通过选择和设计有意义的、来自生活的、具有一定数学价值和一定探索性的练习，才能更好地实现这一目标。

一个人必须从小学、中学甚至大学学习数学。为什么必须学习那么多数学？它的意义是什么？

公众对数学和数学教育的意义缺乏足够的理解，甚至存在许多误解。通常，人们很容易看到各种技术的进步以及它们为社会发展和人类生活带来的利益，但看不到它们背后的重要支持——基础科学，尤其是数学，还有一个民意问题。关于学习数学的意义，数学界缺少面对公众的解释。

哥德巴赫猜想是众所周知的，人们错误地认为数学是研究那些古老问题的学科。很多父母和学生都认为，数学只是学生进入高等学校所必须学习的东西，它对将来的工作和就业不是很有用。

人们可能认为数学在历史上很重要，但今天是高科技时代，抽象数学不再那么重要。相反，高科技发展的基石是数学，而高科技的发展使数学的应用空前广泛。

在高科技时代，自然科学的各个研究领域已经进入更深层次和更广泛的范畴，而此时的数学需求更大。在这种情况下，一些曾经被认为没有任何应用价值的抽象数学概念和理论意外地在其他领域找到了它们的原型和应用。数学与自然科学之间的关系从未像现在这样紧密。恩格斯曾说过："数学在化学中的应用是一组线性方程，而在生物学中的应用是零。"数学已经随着理论和方法的广泛应用而深入到自然科学研究的各个领域。例如，分子生物学中DNA结构的研究与数学中的纽结理论有关，而理论物理学中的规范场论与微分几何中的纤维束理论密切相关。对于现代理论物理学，使用了许多当代的纯数学理论。20世纪80年代，美国自然科学基金会指出，当代自然科学研究正日益显示出数学趋势。

20世纪最大的技术成就是电子计算机的发明和应用，它改变了人们日常生活的方方面面，并使人类进入了信息时代。但是，人们已经认识到电子计算机的发明应该归功于数学家图灵和冯·诺依曼。在电子计算机出现之前，有一种理想的数学逻辑机器（后来称为图灵机），它实际上是电子计算机的雏形。

数学和经济学及管理科学之间联系紧密。用数学模型研究宏观经济与微观经济，用数学手段进行市场调查与预测，用数学理论进行风险分析和指导金融投资，在发达国家已被广泛采用，在我国也开始受到重视。在数学中，数理统计学、优化与决策、实验设计、随机微分方程等，都是专门针对经济学及管理科学中的问题的数学理论。中国科学院从过去的一个数学研究所发展成现在的五个所，越来越多的数学工作者从事与经济、管理、金融有关的研究。他们在国家的粮食产量预报、外汇管理等一系列问题上，为国家的决策提出了重要参考意见。近年来，我国的许多高等院校都增设了统计系，乃至金融数学系。这些现象都反映了数学和经济学、管理学的深刻联系，也反映了社会对于这方面的数学人才的需求。

如今，IT 技术已广泛应用于人类生活中，使我们无处不在。但是，享受这些结果的人通常只会看到技术结果，而看不到在这些技术背后起关键作用的数学。

随着现代科学的发展，数学的应用已涉及社会的各个领域，影响了人们生活的方方面面。尽管高中生可能在数学课堂中触及的数学应用只是冰山一角，但其知识体系的构建和数学学习概念的建立对于培养应用意识和科学态度具有重要意义。

数学来自生活，作用于生活，课堂教学必须让学生体验数学与日常生活密切相关，体会数学的内在价值。上课时可以将现实生活中遇到的数学现象和数学问题作为教育素材。例如，在讲几何图形时，可以让学生以身边的实物为例进行说明，或者也可以适当开放教材中的问题，使之更接近实际；在讲等比数列的求和公式时，可以列举在贷款买房中的应用；在讲述概率时，可以列举在彩票中的应用；在学习统计时，可以将容易引起学生思维兴趣的奥运会奖牌数、射击环数的统计等进行组合。

二、数学应用对高中生的意义

（一）提高知识与方法的运用水平

事实证明，数学的应用是通往科学的唯一途径，是推动数学知识体系发展的内在动力，也是培养学生科学态度的有效途径。将数学文化融入高中数学教育的目的之一是提高学生的数学应用能力。数学知识的教学不是简单地转移，而应该合理地建立在个人的原始知识和经验上。为了更好地将新知识整合到原始知识结构中，有必要将上一个和下一个联系起来并逐步加深。

数学在学科中的应用不仅可以加深对知识的理解和经验方法的应用，而且还可以打破原有章节的划分，使知识的获取更加分阶段和层次化，并逐步增加学生的学习广度和深度，从而提高学生的应用程序意识。教师在课堂上提问，会引发学生的认知矛盾，激发好奇心和对研究的渴望，并指导他们运用所学的知识和方法来解决问题。在此过程中，他们培养了严格的学习态度和积极精神。经过认真思考和评估后，形成了对不断变化的世界的新认识。

（二）拓宽知识与方法的应用领域

1. 跨学科应用

当前的高中知识已经人为地在不同学科之间形成了区分，学生可以清楚地区分学科之间的界限。但是，在现实生活中，人们通常不面临简单的纯粹数学问题，而是涉及各个学科知识的整合。因此，很有必要向学生展示此类问题。近年来，高考的发展趋势是加强了与其他学科的横向联系，从而反映出数学在各个学科中的"工具性"作用，强调将不同学科的教学联系起来的重要性。

在经济与金融的理论研究上，数学的地位更加特殊。大家知道数学没有诺贝尔奖。但数学家却从经济学中获得了诺贝尔奖。在诺贝尔经济学奖的获得者当中，数学家占了相当大的比例（21世纪初的统计数字为17/27）。

这要求教师提供真正的数学活动和与教学中其他科目紧密相关的问题。一方面，经验不足的学生可以了解世界；另一方面，教师可以更好地整合学生的知识体系。他们可能会面临许多问题，而没有直接的答案和方法，而学习就是帮助他们适应和解决问题。各个学科相辅相成，共同合作。

2. 生活实际应用

大多数高中生并不是出于兴趣而学习数学，而是必须考虑学科的状况来学习数学。大多数高中生在对数学的理解和看法上存有偏见。大多数人认为，离开校园后，他们接触最多的数学只是购买东西时使用的简单计算方法，并不知道数学的作用。主要原因是数学与现实生活之间的脱节。

实践证明，数学应用的教学活动满足了社会的需求，对学生的学习有所帮助。教师应使用适当的实例，找出现实生活中教科书知识的根源，并找到重点。教与学的背景清楚地告诉学生：数学不是虚幻的，而是真实世界的真实存在，这有助于学生看到数学的真面目，纠正他们的学习态度，树立积极的数学学习观。

总之，让学生认识到数学和自己有关，和实际生活有关，让学生意识到数学是有用的，学习更有兴趣的目的性的数学。

第三章

落实数学文化培养的原则和策略

数学素质教育的目的可以用以下五句话来概括：

给学生一颗好奇的心，点燃胸中的求知欲望；

给学生一个睿智的头脑，帮助进行理性思维；

给学生一双数学家的眼睛，丰富观察世界的方法；

给学生一套学习模式，使它成为学生探索世界奥秘的望远镜和显微镜；

给学生提供机会，让学生在交叉学科或边缘学科中寻求乐处，用勤奋和智慧去做出发明和创造。

数学定理是揭示几个数学概念之间逻辑关系的命题，因而是建立在某种抽象之上的抽象。数学定理教学要根据学生学习定理的三个阶段，即定理的获得、定理的证明和定理的应用来进行。数学定理教学设计要着重注意以下几个环节：

（1）为什么要学习这个定理（指出定理的产生背景)？

（2）定理是如何产生的（指出体现定理产生过程中的数学思想方法)？

（3）定理是怎样证明的（体现证明中的数学思维过程)？

（4）定理的应用（基本应用、灵活应用）与拓展（引申）。

美国学者赫佩尔在1893年改进几何教学协会会议上宣读的一篇论文中，引用下面的诗句来说明当时内容枯燥的数学课本：

> 如果有一场洪水暴发
>
> 请飞到这里来避一下
>
> 即使整个世界被淹没
>
> 这本书依然会干巴巴

赫佩尔认为，要让学生不再觉得数学枯燥乏味，教师就必须告诉他：他正在学习的算术、几何、代数和三角是如何为满足人们的需求和愿望而发展进步的。

将数学文化融入高中教学的教学设计是基于教学内容和教学目标的，在把握整体文化取向，选择一定知识内容进行设计时，使用数学文化材料，努力实现数学教学的前提是实现数学文化的渗透，在与学校教学任务同步的同时整合数学文化。这样不仅使数学课堂丰富多彩而不乏味，还可以使学生更全面地理解数学，也可以使数学教学更加流畅和有效；不仅可以清晰地向学生传授知识要点，还可以使学生更全面地理解数学文化。

第一节　数学文化融入高中数学教学的原则

教师的教学和学生的学习不是个人行为，而是需要两者之间相互交流的行为。尽管教师通常以学生在设计教学过程中的反应和行为为设计前提，并将其与教学环节联系起来，但学生是生活的个体，不同的学生会给出完全不同的反应。到目前为止，仅在 40 分钟内，时有发生不可预测的情况。那么，数学课能顺利开展吗？教师自身的知识和强大的基本教学技能的进步尤为重要。

将数学文化融入高中数学教学不仅是数学典故和数学公式的简单应用，而且是数学精神的渗透和文化素养的培养，进而培养学生对数学的热爱和欣赏。教师只有同时热爱和理解数学文化，才能通过教学自然地将这种情绪和情感传达给学生。如果教师对数学文化的理解有偏见，并且缺乏自己的文化素养，那么在教学过程中，一旦设计出现了某些情况，无疑教师的情况就会变得很尴尬。因此，为了更好地将数学文化融入高中数学教学中，并使数学文化在实际课堂中发挥应有的价值，教师数学文化的教学基础非常重要。

在教师具有一定的数学文化知识和文化素养的基础上，将数学文化融入高中数学教学也应遵循以下原则。

一、主体性原则

主体性是指在设计教学时，教师应清楚地将学生确定为教学的主体，而数学教学为主要任务。也就是说，教师应该关注两个问题：主体和任务。

关注教学的主体意味着关注学生的接受和反馈。教师应营造适合学生参与的环境和氛围。根据学生的反应和参与的时间，向学生展示知识的价值和精神，并始终关注学生的动态，使学生体验和感知文化。

注意课堂的主要任务意味着在教学过程中，教师必须始终明确自己的教学内容和目标，不仅要确保教材适当，还要注意课程的流畅性和自然性。在表达方式和对数学文化的讨论方面，它应有助于数学教学本身。

二、适当性原则

适当性是指教师在设计教学时，应将数学文化融入课堂教学，这是教学总体设计的一个明确目标。这时，教师应该关注两个问题：数学文化材料的适当性和课堂时间的适当性。

所谓数学文化材料的适当性，是指在选择材料时，必须基于教学的学习内容，基于学生现有的认知基础（包括知识基础、能力基础）以及基于学生的学习基础。现有的经验基础包括生活经验、学习经验。为了在完成教学目标的过程中渗透数学文化，在选择教学内容所涉及的数学文化时，应考虑学生的基本情况，使学生易于理解和消化，并与学生的学习能力相匹配，符合学生的年龄和认知水平。

所谓课堂时间的适当性，是指在确定教材后，必须根据教学过程中的整体设置，根据教材与学习内容的相关程度，努力帮助学生理解和消化。选择一些合适的方法将这些内容纳入课堂实践中，确保教学的自然流畅性，从而从根本上改变教学的有效性。

将数学文化融入高中教学中，不仅要以营造氛围为目的，而且要根据教学需要，在满足学生的认知和需求的情况下，选择相应的数学文化内容进行整合。一方面，数学文化资料对数学的选择应该真实、有意义；另一方面，要根据课堂设计的需要，对数学文化内容的表达要有层次性和灵活性，使数学文化可以自然地融入教学中。

三、指向性原则

指向性是指在选择数学文化内容时应准确选择教学所需的数学文化内容这一事实。数学文化的类别非常大，并且数学文化的分类不能简单地通过逻辑进行分类，因此，同一主题通常可以反映数学文化的不同方面，并且会出现重叠。例如，对称图形反映了数学的美，但实际上也体现了数学的应用。

当面对许多材料时，我们应尽量选择和渗透教学主题，重点放在指向中心思想和教学核心意图方面，并反映清晰的教学环境。

四、趣味性原则

教学中应该重视激发学生的好奇心，它不仅可以调动学生的参与度，而且可以在互动中形成良好的氛围，并且可以直接影响课堂的参与率。

一方面，将数学文化整合到高中数学教学中，需要改变学生对数学的偏见，它需要更加有趣，以便学生能够集中精力并愿意接受数学学习；另一方面，要改变学生的被动学习状况，应该使学生感到愉悦，进而形成身体上的刺激和活力。在良好的身心健康条件下，理解能力和记忆能力都可以得到显著提高。

五、思想性原则

思想性是指在教学中要重视数学文化中的数学思维体系，努力分析教学内容背后的数学思维。

显然，如果在日常教学中广泛地使用历史或数学的典故，则很容易将数学课变成历史课或故事课。在时间有限的情况下，教师应确保在课堂上体验数学思想和方法。确保教学过程的思想性不仅是数学教学的目标，而且从根本上增强学生对学科知识的深入理解，并揭示问题的本质。

六、多样性原则

多样性意味着教学应与课堂教学和课外指导相结合，以整合数学文化，从而证明数学不是固定的格式和计算操作，而是一门丰富而实用的科学。融入数学文化的教学要反映内容的广度和形式的多样性，丰富教学的可能性。

第二节　数学文化融入高中数学教学的策略

　　将数学文化融入高中数学教学应根据数学文化的教学特点和教学内容及学生的实际情况，注重教学目标的设计和教学实施环节的设计，并努力将数学文化融入每天的课堂中。让学生感受到文化氛围，了解数学知识和原理的来龙去脉；改变学习数学的态度，培养文化素养；专注于过程，重构知识的形成，并拒绝以结论为核心来灌输知识。

一、教学目标的设计策略

　　数学学科的教学目标，简而言之，就是指导教学活动（应该如何做），并指明需要取得的成果（做到什么程度）。教学目标能够指明教学活动的方向，是师生行为的依据，也是课堂行为的评价标准。本节从三维目标入手，说明教学目标设计中融入数学文化应该怎么做，进而给出教学目标中融入数学文化的案例。

（一）知识与技能目标的设计策略

　　数学的"知识与技能"是人们在某些"情感态度和价值观"的影响下，使用某种数学手段和方法整合并构建自己的思维发展过程的产物。在当前的高中数学学习中，教师只注重知识和技能的获取和应用，这显然不利于学习的效果。

　　将数学文化整合到高中数学教学中应着重于学生的中心性，而不是将知识获取作为主要考虑因素。在了解和理解文化的同时，学生应该自然而深刻地获得知识。在教学中，教师必须提出问题，以便学生在探究过程中获得相应的基础知识和基本技能，并用它们来解决现有的问题。

因此，在设计知识和技能目标时，教师需要从全局出发，充分了解知识的起源和文化内涵，并设计培训目标，挖掘适当的文化元素，使学生从中获取知识。在设计知识和技能目标时，不仅应着眼于目标本身，还应向学生展示用于知识和技能的方法以及体现的思想观念，以便理解其中所包含的情感和态度。

（二）过程与方法目标的设计策略

过程与方法目标是指学生在获取知识和技能的过程中应该做什么。它是过程中的目标，属于过程目标。在确定此目标时，通常要考虑两个方面（在什么过程中经历，经历什么）和三个纬度（边做边学，边学边做，反思）。

在数学文化教学中，教师往往引导学生建立知识体系，而不仅仅是知识的转移和背诵，进行充满活力和创造性的思维活动。教师注重学生的边做边学，并引导学生及时反思，不仅促进了对知识和技能的消化和强化，而且为培养良好的情感、正确的态度铺平了道路。在设计过程和方法目标时，教师应注意学生现有的认知经验，同时重视数学，并在强调社会文化的前提下，努力与学生保持联系。将数学文化整合到高中数学教学中，必须合理使用数学文化相关材料，以引导学生感知数学文化创造的背景下知识和方法的形成和发展，掌握数学能力和学习能力，包含其中的想法，并能够适当地、合理地使用这些知识和方法解决问题。

（三）情感态度与价值观目标的设计策略

情感态度与价值观是学生在学习过程中的感受和经历。它们是学生的个人主观情感。学习数学之后，不仅形成了每个同学的情感经历，而且形成了对生活和学习的态度，甚至形成了价值观多样性。

数学文化融入高中数学的课堂教学中。知识和技能的获取，经验过程和掌握方法的使用将促进学生良好的情感和态度的形成，并树立积极的价值观。教师应强调数学内容的文化价值，并强调知识的内容。在构建过程中体现的数学精神使学生体验到数学发展的困难，并培养学生以欣赏的眼光看待数学。

因此，情感态度与价值观的设计应遵循以人为本的理念，强调对人文价值观的指导和探索，努力激发学生的学习兴趣，唤醒和增强学生对数学与数学史的热爱。在所有技能、思想和情感态度上建立了价值观的内部巩固之后，即使学生忘记数学知识，他们仍然具有数学人独特的思想和精神，这将对社会进步和学生的未来发展具有重要意义。

二、教学过程的设计策略

（一）知识（方法）导入环节

数学源于生活，尽管高中数学知识具有高度的抽象性和普遍性，但每种概念方法的形成都有一定的背景和过程，所以将数学文化融入知识引入的链接中是自然的。介绍主题，使学生能够体验学习材料的起源和过程，使学生在文化氛围中获得对数学的不同感受，激发学生对数学的欣赏，并促进文化素养的发展。

在设计知识（方法）引入链接时，教师可以从以下两个角度思考：第一个是对历史问题的重建和再现，发现材料的文化价值，并使用数学典故和数学概念的起源来指导学生按照原文追溯源头，并注意提高学生的文化素养。

第二个是对实际问题的抽象提取，加强与生活实例的联系，并引导学生从他们的侧面挖掘数学学习资料，抽象知识和概念，感知数学概念的本质属性，并让他们体验广泛的数学应用。

无论从哪个角度讲，教师都必须善于整合资源，利用学生现有的认知结构，寻找新旧概念之间的联系，使学生经历冲突以及通过问题驱动形式发现数学概念来解决问题，引导学生重视发现的概念。

（二）知识（方法）形成环节

在将数学文化融入高中数学教学的过程中，知识（方法）形成的过程实际上是形成数学思维方法的过程以及学生体验文化的过程。在正常情况下，学生在经历一段社会生活后，会逐渐忘记在高中学习的数学知识，因此，仅在教学中强调知识和技能的获取是不够的，必须培养学生在数学方面理解问题的能力，要以数学的眼光看待世界，并学会用数学的思维面对生活。

在融合数学文化的课堂上，教师可以使用两种方法来设计知识形成链接：

第一，采用历史相似性原则。每个学生都需要复习数学历史上的重要环节，数学教育者有责任引导学生成功地进行这种创新。教师需要对教学任务的数学历史背景有很好的了解，善于整合资源，掌握数学课堂的节奏和困难，并根据学生的认知特点和表现逐步推进教学，使学生在这个过程中可以感受到数学的精神。

第二，基于实际应用，指导学生从数学上理解材料，并逐步抽象出知识（方法）的基本属性。经过必要的类比和抽象，学生可以认识到数学的来源是真实的，并且与生活密切相关。

这就要求教师具有更好的教学能力和较强的提问能力，根据不同的内容掌握关键环节，帮助学生克服困难，克服认知障碍。这样，学生可以在形成知识的同时提高他们的数学学习能力。

（三）知识（方法）应用环节

每个人都有自己的认知基础。在学习数学的过程中，每个人都有一定的认识数学的能力，以及对数学和数学定律的看法，这会影响他们的认知。任何知识都必须经过学生同化，只有自我的转变才能被吸收到个人的认知结构中。数学的应用是为学生提供一个平台和媒介，以将数学知识与学生自己的知识联系起来并加以整合。

融合数学文化的高中教学应积极提高学生的应用意识，使学生有意识地转化知识，运用所学知识，并在此过程中提高数学能力。这里的实际应用有两个方面：

第一是摆脱章节的限制，着眼于整体情况，在螺旋式知识框架中重新整合和应用知识，并建立新的联系。

第二是打破学科界限，将数学知识渗透到不同的学科中，不仅是自然学科，而且还适用于人文学科，从而使学生可以改善他们在扩展联系方面的知识结构，感知数学的本质，并获得高水平的知识。

教师应专注于教学任务，打破教材定义和学科限制，同时尊重逻辑结构，考虑学习者心理发展，情感领域和认知领域的融合，为综合实践提供机会。

（四）知识（方法）提升环节

在实际情况中，知识的提高主要是通过安排课堂总结和家庭作业来实现的，并努力实现上一个和下一个之间的联系。

　　一方面，它可以帮助学生组织课程内容；另一方面，留下问题以引发思考，并在扎实基础的前提下，鼓励进一步学习和探究。

　　在整合数学文化的课堂中，知识的改进集中在复习和总结、联系与整合上，教师应加强对学生复习方法和总结的指导，培养学生的质疑和善于思考的态度，并建立知识之间的联系。通过安排课外作业在教学中继续思考，学生的思维才不会中断。

第四章

融入数学
文化的角度

数学文化内容深广，它与大自然的变化、社会的发展息息相关。数学史是数学文化的主要载体，而数学史是记录数学发展成长的历史，其蕴含非常丰富的数学思想和数学方法，在数学研究和数学教学中起着核心的指导作用。数学史的学习是数学文化渗透到高中数学教学的一种主要途径，学生可以从中体会到数学文化的魅力。当然，这里并不是指高中阶段要学生系统地学习数学史，而是在实际的课堂教学中穿插数学家的故事或者所授知识点的产生历史背景，这是一种自然而然的渗透，使学生体会到数学家刻苦钻研的精神和追求真理的信心与勇气，也可以让学生体会到数学知识与生活生产、自然变化的联系，从而提升学生对数学实用性的感受，激发学生学习的兴趣和学好数学的信念。在数学发展的历史长河中，数学文化的素材俯拾皆是。我们可以按照以下几条线索去仔细搜寻。

第一节　数学与自然和人类生活的关联

宇宙中的自然现象和人类社会生产生活中都蕴含着丰富的数学知识，在数学课堂中我们可以从这些角度出发，去描述数学的无处不在，让学生能够深刻体会到数学的实用性，从而对数学产生浓厚的兴趣。下面我们就从自然界和人类社会两个方面去体现数学的魅力。

一、数学与自然界的关联

自然界包含万事万物，而万事万物时刻都在变化运动中，这些变化规律在很大程度上可以用数学模型去模拟，用数据去刻画。下面通过一些例子来体会自然界中的数学。

自然界用各种独特的方式展现数学的信息，而数学是自然界的通用语言。

第一位提出纳米概念的理论物理学家费曼阐释到"数学作为自然界的通用语言，是推理和逻辑的工具，想要讨论自然现象，了解自然规律，欣赏自然美景，需要把数学作为理解自然的手段"。通过数学我们可以比较深刻地去了解自然、了解社会，想要感受自然之美，理解社会的发展，掌握好数学是必备能力。接下来，我们看一下从自然现象当中展现的数学：

　　丹顶鹤喜欢成群结队地迁飞，在空中"人"字形排开，两排鹤群的角度是110°，精准计算可以得出这两排鹤群与前进方向的夹角是54°44′8″。更有意思的是，金刚石结晶体的两棱边夹角正好也是54°44′8″，这显现出自然界某种"默契"。

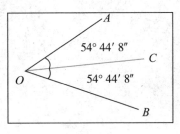

丹顶鹤迁飞　　　　　　　　　　迁飞模型

图 4 – 1

　　蜜蜂是非常优秀的建筑师，蜂房是以正六边形为入口，以封闭的六角棱锥形为底盘，底盘由三个相同的菱形组成。组成底盘的菱形的钝角为109°28′，所有的锐角为70°32′，根据计算，这样既坚固又省材料，蜂房的巢壁厚度约0.073mm，误差极小，这也可以看出蜜蜂建造每个蜂房极为精密和标准。

　　珊瑚虫被誉为"数学天才"。珊瑚虫身体成长过程就是一个"日历"。它们每年在自己的体壁上都会刻画出365条斑纹，显然是一天一条斑纹。奇怪的是，古生物学家发现3.5亿年前的珊瑚虫每年画出的是400条斑纹。天文学家告诉我们，当时地球一天仅21.9小时，一年不是365天，而是400天。看来珊瑚虫身上也体现了精准计算这一数学精神。

　　猫喜欢卷曲成球形睡觉，这里也蕴含数学知识，因为球形使身体的表面积最小。面积最小，散热就少，以达到保暖的目的。

蜂巢

图 4 – 2

珊瑚虫

猫

图 4 – 3

从上面几个素材中，我们可以体会到自然界与数学有着非常密切的联系。当我们要更深入地去研究自然现象时，必须通过数学工具。

二、数学与人类生活的关联

在日常生活中，数学是处处可见的，我们经常会用到这样或那样的推理。比如，医生对病人病情的推断，气象专家对天气的预测，考古学家对遗址年代的推测，企业家对投资资金的运作与分配等。像这些活动都含有数学推理和数学思想。认真去观察，会体会数学无处不在。接下来，我们从数学与疫情和数学与5G这两个方面去体会数学的普遍性。

1. 数学与疫情

很多数学专家通过建立数学模型运算病毒的传播速度和防控措施的有效性。不同类型的传染病的传播过程有其各自不同的特点，从传播机理分析，建立各种模型，比如，简单模型、SI 模型、SIS 模型、SIR 模型等。下面我们了解一些简单的模型：

设时刻 t 的病人人数 $X(t)$ 是连续、可导函数，并且每天每个病人有效接触（足以使人致病的接触）的人数为常数 λ，考察 t 到 $t + \Delta t$ 病人人数的增加，就有

$$x(t + \Delta t) - x(t) = \lambda x(t) \Delta t$$

再设 $t = 0$ 时有 x_0 个病人，即得微分方程

$$\frac{\mathrm{d}x}{\mathrm{d}t} = \lambda x, \quad x(0) = x_0 \tag{1}$$

方程（1）的解为

$$x(t) = x_0 \mathrm{e}^{\lambda t}$$

结果表明，随着时间 t 的增加，病人人数 $x(t)$ 将快速增长。当然模型的有效性需要不断调整设计。合理的数学模型的建立，为接下来决策上的实施调整提供了很好的依据。

2. 数学与 5G

在信息技术方面，我们目前听得最多的就是 5G 技术，那么 5G 技术到底是如何产生的呢？华为的 5G 技术源于数学方法。任正非在接受采访时提到，华为在 5G 方面的成就，离不开一位土耳其科学家的贡献，他说："5G 标准是源于十多年前土耳其的阿勒坎教授的一篇数学论文……十年时间，我们就把土耳其教授数学论文变成技术和标准。"

5G 的核心运算是极化码，极化码的数学原理是什么呢？大家可以看图4－4这篇文章，大概需要有一些通信与编码的基础知识才可以看明白。当然如果具备线性代数或者群论的知识，那么只需要花少许时间，肯定可以看懂极化码的原理。

Polar codes: A pipelined implementation

Erdal Arıkan
Bilkent University, Ankara, Turkey
arikan@ee.bilkent.edu.tr

Abstract—Polar codes are a class of codes that can achieve the capacity of binary-input memoryless channels with certain symmetries. These codes have a recursive structure that make it possible to encode and decode them within complexity $O(N \log N)$ for a code of block length N. This paper presents pipelined architectures with identical modules that are useful for low-complexity implementation of polar codes both in hardware and software. The uniform structure of the modules in the design make it possible to trade complexity for time in hardware implementations.

Index Terms—Polar codes, belief propagation decoding, error-correcting codes, Reed-Muller codes, iterative decoding.

I. INTRODUCTION

POLAR coding is a code construction method that can achieve the capacity of symmetric binary-input discrete memoryless channels such as the binary symmetric channel (BSC) and binary erasure channel (BEC). This technique was introduced and theoretically analyzed in [1]. Some experimental results were presented in [2]. However, the details of polar code construction and efficient methods for encoder and decoder implementation have not been discussed in previous work. The aim of this paper is to address these issues.

Let $F = \begin{bmatrix} 1 & 0 \\ 1 & 1 \end{bmatrix}$ and $F^{\otimes n}$ denote the nth Kronecker power of F. For example,

$$F^{\otimes 3} = \begin{bmatrix} 1&0&0&0&0&0&0&0 \\ 1&1&0&0&0&0&0&0 \\ 1&0&1&0&0&0&0&0 \\ 1&1&1&1&0&0&0&0 \\ 1&0&0&0&1&0&0&0 \end{bmatrix} \quad (1)$$

achieve excellent performance under turbo decoding and are now part of several wireless standards, including the WiMAX standard [5]. The idea of polar coding is to select the best code in the class $\mathcal{F}(N, K)$ for a given channel, and thereby achieve the best performance over all codes in the class $\mathcal{F}(N, K)$. The effectiveness of this idea has been shown in [2] where performance improvements over RM codes with block lengths $N = 256$ were documented. In this paper, we explore implementation architectures for polar codes that can be used for polar coding at significantly higher code block lengths. We illustrate the proposed implementation for a block length $N = 4096$ code, showing that polar codes may be a viable alternative for practical applications.

II. GRAPH REPRESENTATION OF POLAR CODES

The codes in the family $\mathcal{F}(N, K)$ for a fixed N and for all $1 \leq K \leq N$ can be represented using a graph that corresponds to a computational circuit for the transformation $F^{\otimes n}$. For $N = 8$, such a representation is shown in Fig. 1. This circuit computes the transform $x_1^8 = u_1^8 F^{\otimes 3}$ where $u_1^8 = (u_1, \ldots, u_8)$ and $x_1^8 = (x_1, \ldots, x_8)$. In general, we use the notation a_1^N to denote a vector $(a_1, \ldots, a_N)$.

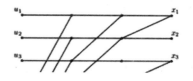

图 4 - 4

其实，极化码看起来很复杂，但本质上还是一些矩阵的乘法。如果要对 4 个比特的 $[u_1\ u_2\ u_3\ u_4]$ 用极化码编码，那么会得到另外 4 个比特的信号（码字）$[x_1\ x_2\ x_3\ x_4]$，这等价于以下的矩阵乘法：

$$[x_1\ x_2\ x_3\ x_4] = [u_1\ u_2\ u_3\ u_4] \times \begin{bmatrix} 1&0&0&0 \\ 1&0&1&0 \\ 1&1&0&0 \\ 1&1&1&1 \end{bmatrix}$$

数学的应用是非常广泛的，因为数学是认识世界的工具，我们通过以上例子能让学生感受到，数学在社会发展中的重要性。如果要掌握前沿的科学技术，必须扎实学好基础数学。

第二节　数学家与数学家的创造活动

数学理论的形成少不了数学家的努力，每个数学原理的产生都是经过一批数学家的艰苦奋斗，其背后发生了很多精彩的故事。高中教材所涉及的数学理论是丰富多彩的，其中涉及很多数学家的精彩故事和研究活动。课堂中可以从数学家的成长故事和数学家所做的数学活动这两个角度引入一些知识点，可以让学生了解数学知识产生的背景，增强学生学习数学的信心，提升刻苦的数学专研精神。

一、了解名人故事，提升数学情怀

在教材中描述有许多数学家的故事。在必修 2，当我们刚开始较全面学习解析几何时，可以引入数学家笛卡尔的介绍，让学生更能体会解析几何的作用与发展。

笛卡尔是法国著名数学家，解析几何的创始人之一。他出生于法国安德尔－卢瓦尔省的图赖讷拉海，1 岁多时母亲患肺结核去世，而他也受到传染，造成体弱多病。因为父亲的关系，他接受了良好的教育。他从小喜欢安静，善于思考。很小的时候就表现出很强的论证能力。他能从教科书中发现模棱两可甚至前后矛盾的理论。

1616 年 12 月，笛卡尔进入普瓦捷大学学习法律与医学，对各种知识特别是数学深感兴趣，1618 年 11 月，受数学家以撒·贝克曼的影响，他逐步深入数学的研究。笛卡尔的主要数学成果集中在他的《几何学》中。当时，代数还是一门新兴科学，几何学的思维还在数学家的头脑中占有统治地位。在笛卡尔之前，几何与代数是数学中两个不同的研究领域。笛卡尔站在方法论的自然哲学的高度，认为希腊人的几何学过于依赖图形，束缚了人的想象力。对于当时流行的代数学，他觉得它完全从属于法则和公式，不能成为一门改进智力的科学。因此，他提出必须把几何与代数的优点结合起来，建立一种"真正的数学"。笛卡尔的思想核心是，把几何学的问题归结为代数形式的问题，用代数学的方法进行计算、证明，从而达到最终解决几何问题的目的。依照这种思想他创立了"解析几何学"。

1637 年，笛卡尔发表了《几何学》，创立了平面直角坐标系。他用平面上的一点到两条固定直线的距离来确定点的位置，用坐标来描述空间上的点。他进而又创立了解析几何学，解析几何学的出现，改变了自古希腊以来代数和几何分离的趋向，把相互对立着的"数"与"形"统一了起来，使几何曲线与代数方程相结合。笛卡尔的这一天才创见，更为微积分的创立奠定了基础，从而开拓了变量数学的广阔领域。最为可贵的是，笛卡尔用运动的观点，把曲线看成点的运动轨迹，不仅建立了点与实数的对应关系，而且把"形"（包括点、线、面）和"数"两个对立的对象统一起来，建立了曲线和方程的对应关系。这种对应关系的建立，不仅标志着函数概念的萌芽，而且标志着变数进入了数学，使数学在思想方法上发生了伟大的转折——由常量数学进入变量数学。辩证法进入了数学，有了变数，微分和积分也就立刻成为必要。笛卡尔的这些成就，为后来牛顿、莱布尼茨发现微积分，为一大批数学家的新发现开辟了道路。

笛卡尔在科学上的贡献是多方面的。他不仅在哲学领域里开辟了一条新的道路，同时又是一位勇于探索的科学家，在物理学、生理学等领域都有值得称道的创见，特别是在数学上他创立了解析几何，从而打开了近代数学的大门，在科学史上具有划时代的意义。

二、了解知识历史，认识知识缘由

在高中数学中，出现很多数学概念的学习。每一个概念都有它的来源，如果学生能够了解知识概念的发展历史，那么在此内容的学习上将会得到很大的帮助。

高中学生对微积分概念的认识是很少的，所以直接深入往往较困难，教师可以在课堂上介绍微积分的发展史，让学生有一个初步认识。在选修 2 - 2 中，为了使学生更好地理解和体会微积分，在教材的 61 页设计了走进微积分的实习作业，就是通过让学生去收集微积分发展的历史背景和历史意义的资料，让学生更深入地去体会微积分的核心概念的形成过程。

微积分是经过长时间的研究才产生的，微积分的原理可以追溯到古代。在中国，公元前 4 世纪的恒团、公孙龙等所提出的"一尺之棰，日取其半，万世不竭"。公元 3 世纪的刘徽，公元 5—6 世纪的祖冲之对圆周率、面积以及体积的研究，都包含极限和微积分的思想萌芽。在欧洲，公元前 3 世纪古希腊的欧几里得、阿基米德所建立的确定面积和体积的方法，也都包含上述思想。

在 16 世纪末 17 世纪初，由于受力学问题的研究、函数概念的产生和几何问题可以用代数方法来解决的影响，促使许多数学家去探索微积分，开普勒、卡瓦列里和牛顿的老师巴罗等人也研究过这些问题，但是没有形成理论和普遍适用的方法。1638 年，费尔马首次引用字母表示无限小量，并运用它来解决极值问题，稍后他又提出了一个与现代求导过程实质相同的求切线的方法，并用这种方法解决了一些切线问题和极值问题。

后来，英格兰学派的格雷果里、瓦里斯继续费尔马的工作，用符号"0"表示无限小量，并用它进行求切线的运算，到 17 世纪早期，他们已经建立起一系列求解无限小问题的特殊方法，诸如，求曲线的切线、曲率、极大值、极小值，求运动的瞬时速度以及面积、体积、曲线长度、物体重心等，但他们的工作差不多都局限于一些具体问题的细节中，还缺乏普遍性的规律。

到了 17 世纪，有许多科学问题需要解决，这些问题也就成了促使微积分产生的因素。归结起来，大约有四种主要类型的问题：第一类问题是研究运动的时候直接出现的，也就是求即时速度的问题；第二类问题是求曲线的切线问题；第三类问题是求函数的最大值和最小值问题；第四类问题是求曲线长、曲线围成的面积、曲面围成的体积、物体的重心、一个体积相当大的物体作用于另一物体上的引力。

导数是微积分核心的概念之一，它是研究函数增减、变化快慢、最大值和最小值等问题的最一般、最有效的工具。因此，在学习微积分的课程中，对导数的概念的理解至关重要。导数实际上就是平均变化率的极限，也就是瞬时变化率。学生对它的理解比较困难，可以借助物理学里面的速度、路程、时间的关系来刻画平均变化率，进而表示瞬时变化率，让学生更容易理解和体会导数的概念。

1. 导数的概念

设函数 $y = f(x)$，当自变量 x 从 x_0 变为 x_1 时，函数值从 $f(x_0)$ 变到 $f(x_1)$，函数值关于 x 的平均变化率为

$$\frac{\Delta y}{\Delta x} = \frac{f(x_1) - f(x_0)}{x_1 - x_0} = \frac{f(x_0 + \Delta x) - f(x_0)}{\Delta x}$$

当 x_1 趋于 x_0，即 Δx 趋于 0 时，如果平均变化率趋于一个固定的值，那么这个值就是函数 $y = f(x)$ 在 x_0 点的导数，通常用符号 $f'(x_0)$ 表示，记作

$$f'(x_0) = \lim_{\Delta x \to 0} \frac{\Delta y}{\Delta x} = \lim_{\Delta x \to 0} \frac{f(x_0 + \Delta x) - f(x_0)}{\Delta x}$$

2. 导数的物理意义

在物理学中，物体运动的规律是 $s = s(t)$，那么该物体在时刻 t_0 的瞬时速度 v 就是 $s = s(t)$ 在 $t = t_0$ 时的导数，即 $v = s'(t_0)$。

如果物体运动的速度随时间变化的规律是 $v = v(t)$，那么该物体在时刻 t_0 的瞬时加速度 a 就是 $v = v(t)$ 在 $t = t_0$ 时的导数，即 $a = v'(t_0)$。

第三节　数学的本质特征

每个学科都有自身的本质特征，那么数学学科的本质特征是什么？数学的本质特征不像艺术那样，能从感官上很直接地体会出来，数学的本质特征需要从精神层面和思想层面进行理解和体会。下面从数学中有趣的数、数学中美丽的形、奇妙的数学问题、神奇的数学规律方面来体现数学的本质特征。

作为一名数学教师，应该依托教材，用多种教学的辅助手段，在教授知识的过程中引导学生发现数学本质特征，并向学生展现数学本质特征，让学生在数学学习过程中，提高审美能力，更好地感受生活的美妙。

一、数学中有趣的数

数学中有很多有趣的数，这些数的背后隐藏着很多数学家的故事或数学的发展历史，课堂上可以延伸这部分的知识，提升学生学习数学的兴趣和拓展认识面。

1. 圆周率 π

π 是圆周率，是圆的周长与直径的比值，在数学课程中，早在小学阶段就接触了。圆周率是一个在数学及物理学中普遍存在的数学常数，习惯用希腊字母 π 表示。

最先通过理论计算出圆周率的近似值是古希腊大数学家阿基米德。中国数学家刘徽在公元 263 年用"割圆术"计算圆周率，他先从圆内接正六边形开始计算，逐步增加正多边形的边数，直到圆内接正 192 边形。他说："割之弥细，所失弥少，割之又割，以至于不可割，则与圆周合体而无所失矣。"从他的表述中也体现了极限的思想。后来南北朝时期的中国数学家祖冲之进一步把圆周率精确到小数点后 7 位，这种精确度一直持续了 800 年。在 15 世纪初，阿拉伯数学家卡西把圆周率精准地算到了 17 位，打破了祖冲之保持的近千年的纪录。下表是 π 的计算历史：

时间	数学家	国籍	正确位数	详细记录
前 3 世纪	阿基米德	古希腊	3	$\pi = 3.1418$
公元前 20 年	维特鲁威	古罗马	1	$\pi = 3.125$
公元前 50 年—公元前 23 年	刘歆	中国	1	$\pi = 3.1547$
130 年	张衡	中国	1	$\pi = 3.162277\cdots$
150 年	托勒密	古希腊	3	$\pi = 3.141666\cdots$
250 年	王蕃	中国	1	$\pi = 3.15555\cdots$
263 年	刘徽	中国	5	$\pi = 3.14159$
480 年	祖冲之	中国	7	$\pi = 3.1415926$
499 年	阿耶波多	印度	3	$\pi = 3.1416$
598 年	婆罗摩笈多	印度	1	$\pi = 3.162277\cdots$
800 年	花拉子米	波斯	3	$\pi = 3.1416$
12 世纪	婆什迦罗第二	印度	4	$\pi = 3.14156$
1220 年	斐波那契	意大利	3	$\pi = 3.141818$
1400 年	Madhava	未知	10	$\pi = 3.14159265359$

近年来以 π 为背景题材的高考题型也是非常常见的，我们来看下面两道题。

例 1（2019·湖北高考）《算数书》竹简于 20 世纪 80 年代在湖北省江陵县张家山出土，这是我国现存最早的有系统的数学典籍，其中记载有求"囷盖"的术："置如其周，令相乘也，又以高乘之，三十六成一。"该术相当于给出了由圆锥的底面周长 L 与高 h，计算其体积 V 的近似公式 $V \approx \frac{1}{36}L^2 h$，它实际上是将圆锥体积公式中的圆周率 π 近似取为 3，那么，近似公式 $V = \frac{2}{75}L^2 h$ 相当于将圆锥体积公式中的 π 近似取为（　　　）

A. $\dfrac{22}{7}$　　　　B. $\dfrac{25}{8}$　　　　C. $\dfrac{157}{50}$　　　　D. $\dfrac{355}{113}$

例2（2003·日本大阪大学高考）记 π 为圆周率，考虑下面积分：

$$I_0 = \pi\int_0^1 \sin\pi t\, dt,\ I_n = \dfrac{\pi^{n+1}}{n!}\int_0^1 t^n(1-t)^n\sin\pi t\, dt\,(n = 1,2,3,\cdots);$$

（1）请求出 I_0,I_1 的值，并证明关系式的成立：$I_{n+1} = \dfrac{4n+2}{\pi}I_n - I_{n-1}\,(n = 1,2,3,\cdots)$；

（2）证明 π 是无理数。

2. 黄金比

黄金比又称黄金分割，是一种比值，是指将整体一分为二，较大部分与整体部分的比值等于较小部分与较大部分的比值，其比值是一个无理数，用分数表示为 $\dfrac{\sqrt{5}-1}{2}$，将其化成小数取其前三位数字的近似值是 0.618，这个比例被公认为是最能引起美感的比例。这个分割点叫作"黄金分割点"，通常用 φ 表示。如图 4–5 所示。

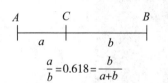

图 4–5

相传古希腊时期，著名数学家毕达哥拉斯有一天在街上行走，突然听到一家铁匠铺的敲打声音很动听，驻足倾听，这种声音节奏被毕达哥拉斯用数学表达出来，这应该是最早的黄金分割的雏形。公元 6 世纪，古希腊毕达哥拉斯学派开始研究正五边形和正十边形的作图，因此很多现代数学家们推断当时毕达哥拉斯学派已经触及或掌握了黄金分割比例。

黄金分割在造型艺术上具有美学的价值。当把这种比例运用到工艺美术和日常用品的长宽设计中，会大大提升产品的美感。在实际生活中处处可见这种比例的应用，建筑物中某些线段的比就科学地采用了黄金分割，建造出来雄伟美观，比如舞台上的演员，并不是站在舞台的中央，他站在偏舞台一侧，因为在这个分割点上，看起来最瞩目，声音传播也最好。当然还有自然界当中的一些植物也有很多地方体现了黄金分割，如果从一棵嫩枝的顶端向下看，就会看到叶子是按照黄金分割的规律排列着的；还有向日葵的葵花籽的生长排列等。

在注重学生素养发展的今天，高考题型发生了变化，高考题型的题材背景变得非常丰富，接下来我们体会一下以"黄金分割"为背景的高考题。

例 3（2019·全国 I 卷）　古希腊时期，人们认为最美人体的头顶至肚脐的长度与肚脐至足底的长度之比是 $\frac{\sqrt{5}-1}{2}$（$\frac{\sqrt{5}-1}{2} \approx 0.618$，称为黄金分割比例），著名的"断臂维纳斯"便是如此。此外，最美人体的头顶至咽喉的长度与咽喉至肚脐的长度之比也是 $\frac{\sqrt{5}-1}{2}$。若某人满足上述两个黄金分割比例，且腿长为 105cm，头顶至脖子下端的长度为 26cm，则其身高可能是（　　　）

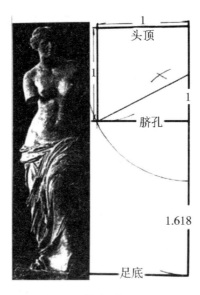

图 4-6

A. 165cm　　　　B. 175cm　　　　C. 185cm　　　　D. 190cm

3. 自然对数函数的底数 e

e 作为数学常数，是自然对数函数的底数。有时称它为欧拉数，以瑞士数学家欧拉命名；它也有个较鲜见的名字纳皮尔常数，以纪念苏格兰数学家约翰·纳皮尔引进对数。它就像圆周率 π 和虚数单位 i，e 是数学中最重要的常数之一。e

是无理数和超越数。自然常数 e 的知名度比圆周率低很多，原因是圆周率更容易在实际生活中遇到，而自然常数在日常生活中不常用。以 e 为底的对数称为自然对数，用不标出底的记号 ln 来表示它，在理论研究中，总是使用自然对数。

以 e 为底的指数函数的重要作用在于它的函数与其导数相等。对数和指数是一对互为逆运算的函数，由于数 e 的某些性质，选 e 作为指数系统的底时有特殊的便利。以 10 为底的对数称为常用对数，用不标出底的记号 lg 来表示，常用对数与自然对数的关系表示为：$\lg x = M\ln x$，$\ln x = \dfrac{1}{M}\lg x$，上式中 M 称为换底的模，可换算为 $M = \lg e$，$\dfrac{1}{M} = \ln 10$。指数函数是对数函数的逆运算，公式为 $x = e^{\ln x}$。

以 e 为背景的高考题型还是非常常见的，使用它在计算上有特殊的便利，我们就以 2021 年八省适应性测试题为例：

例 4（2021·广东省普通高等学校招生适应性测试）

已知函数 $f(x) = e^x - \sin x - \cos x, g(x) = e^x + \sin x + \cos x$。

（1）证明：当 $x > -\dfrac{5\pi}{4}$ 时，$f(x) \geq 0$；

（2）若 $g(x) \geq 2 + ax$，求 a。

4. 虚数单位 i

i 出现在复数中，是虚数单位。在数集的扩充过程中，方程 $x^2 = -1$ 在实数范围内无解，为使这个方程有解，数学家们把数扩充到了复数这个范围，所以就引进了虚数单位 i，即：$i^2 = -1$，复数的形式也确定为 $a + bi$。

虚数单位 i 首先为瑞士数学家欧拉所创用，到德国数学家高斯提倡才普遍使用。为了揭示 i 所具有的重要性质，欧拉经过长期的运算研究，得到了一个被誉为"世界上最美的数学式"，即"欧拉等式：$e^{ix} = \cos x + i\sin x(x \in \mathbf{R})$，此式中当 $x = \pi$ 时，$e^{i\pi} + 1 = 0$。这个公式将各自具有不同起源的最基本的数融合到了一起，比如基本的自然数的计数单位 1、印度发明的 0、圆周率 π 和自然对数底数 e，将这些数通过虚数单位 i 非常简洁地联系在一起。下面我们来看以"欧拉公式"为背景的题型：

例 5（2020·贵阳一中 4 月模拟）　据记载，欧拉公式 $e^{ix} = \cos x + i\sin x(x$

$\in \mathbf{R}$）是由瑞士著名数学家欧拉发现的，该公式被誉为"数学中的天桥"。特别是当 $x = \pi$ 时，得到一个令人着迷的优美恒等式 $e^{\pi i} + 1 = 0$，将数学中五个重要的数（自然对数的底数 e、圆周率 π、虚数单位 i、自然数的计数单位 1 和自然数 0）联系到了一起，有些数学家评价它是"最完美的数学公式"。根据欧拉公式，若复数 $z = e^{\frac{\pi}{4}i}$ 的共轭复数为 $\bar{z}$，则 $\bar{z} = $（　　　　）

A. $-\dfrac{\sqrt{2}}{2} - \dfrac{\sqrt{2}}{2}i$　　B. $-\dfrac{\sqrt{2}}{2} + \dfrac{\sqrt{2}}{2}i$　　C. $\dfrac{\sqrt{2}}{2} + \dfrac{\sqrt{2}}{2}i$　　D. $\dfrac{\sqrt{2}}{2} - \dfrac{\sqrt{2}}{2}i$

二、数学中美妙的曲线

数学中蕴含着非常丰富的、美妙的形，接下来从曲线这个角度来体会数学的美妙。在整个高中阶段的学习过程中，学习了不少的曲线方程，比如二次函数、椭圆、双曲线、抛物线、心形线等。

在教学中，可以充分地通过信息平台展示这些曲线，让学生从中去体会数学中的图形变化和优美的形态。

1. 二次函数图像

一元二次函数表达式为 $y = ax^2 + bx + c$（$a \neq 0$），当把未知量的系数或未知量作一些变换时，函数的图像也会随着改变。

① 函数 $y = ax^2$（$a > 0$）的图像随系数 a 的变化而开口开合变化。

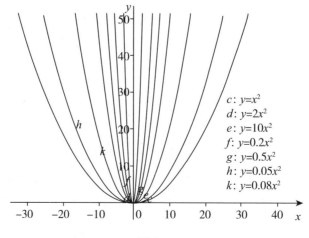

图 4－7

② 函数 $y = ax^2 + bx + c$（$a > 0$）的图像在不同变形中的变化。以 $y = x^2 - 2x - 3$ 的图像为例。

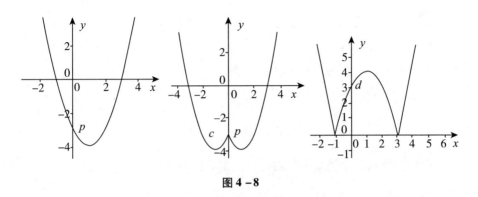

图 4 - 8

接下来我们通过例题来感受一下，抛物线在解题当中起到的重要作用，通过对图像的观察我们很容易得到解决问题的思路。

例 1 已知函数 $f(x) = |x^2 + 3x|$（$x \in \mathbf{R}$）。若方程 $f(x) - a|x - 1| = 0$ 恰有 4 个互异的实数根，则实数 a 的取值范围为_____。

分析：这一题通过根的个数来确定参量的范围，根据条件，可以考虑转化为图像交点的个数来解答。

在同一坐标系中画出 $f(x) = |x^2 + 3x|$ 和 $g(x) = a|x - 1|$ 的图像（如图 4 - 9 所示），问题转化为

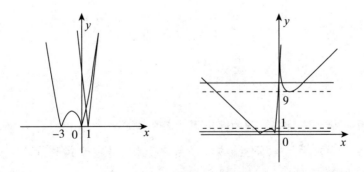

图 4 - 9

$f(x)$ 与 $g(x)$ 图像恰有四个交点。当 $y = a(x - 1)$ 与 $y = x^2 + 3x$（或 $y = -a(x - 1)$ 与 $y = -x^2 - 3x$）相切时，$f(x)$ 与 $g(x)$ 图像恰有三个交点。把 $y = a(x - 1)$ 代入 $y = x^2 + 3x$，得到 $x^2 + 3x = a(x - 1)$，即 $x^2 + (3 - a)x +$

$a = 0$，由 $\Delta = 0$，得 $(3-a)^2 - 4a = 0$，解得 $a = 1$ 或 $a = 9$。又当 $a = 0$ 时，$f(x)$ 与 $g(x)$ 仅有两个交点，所以 $0 < a < 1$ 或 $a > 9$。

2. 圆

圆的标准方程为 $(x-a)^2 + (y-b)^2 = r^2$ $(r>0)$，从圆的标准方程可以很清晰地得出圆的圆心坐标和半径。当圆心为 $(0,0)$ 时，圆的标准方程为 $x^2 + y^2 = r^2$ $(r>0)$，对此方程稍作变形：

$$\frac{x^2}{r^2} + \frac{y^2}{r^2} = 1(r>0) \rightarrow \left(\frac{x}{r}\right)^2 + \left(\frac{y}{r}\right)^2 = 1(r>0)$$

从三角函数的同角关系中我们可以对上式完美转化为

当令 $\sin\theta = \dfrac{x}{r}$，$\cos\theta = \dfrac{y}{r}$ 时

得 $\sin^2\theta + \cos^2\theta = 1(r>0)$

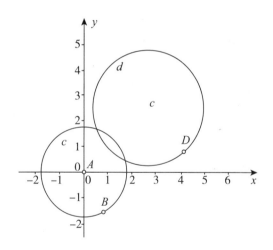

图 4 – 10

在直角坐标系背景下，圆的标准形式分为圆心在原点和圆心不在原点这两类，如图 4 – 10 所示，这两类圆体现了圆的核心元素：半径和圆心。从这里可以看出圆不但图形美妙，在它的方程表达式中也呈现出了很好的简洁美，还有变形转化的美妙。接下来我们来看涉及圆的高考题型：

例 2 已知直线 $l : mx + y + 3m - \sqrt{3} = 0$ 与圆：$x^2 + y^2 = 12$ 交于 A，B 两点，过 A，B 分别作 l 的垂线与 x 轴交于 C，D 两点。若 $|AB| = 2\sqrt{3}$，则 $|CD| = $ _____。

分析：根据直线与圆的位置关系，通过集合法，当我们把图像呈现出来的时候，很多都是求解，问题就迎刃而解了。

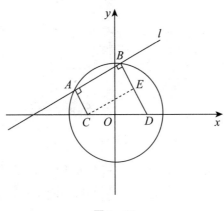

图 4 – 11

解析：设圆心 O 到直线 l 的距离为 d，则：

$2\sqrt{12 - d^2} = 2\sqrt{3}$，$\therefore d = 3$，即 $\dfrac{|3m - \sqrt{3}|}{\sqrt{m^2 + 1}} = 3$，

$\therefore m = -\dfrac{\sqrt{3}}{3}$，此时直线 l 的方程为 $-\dfrac{\sqrt{3}}{3}x + y - 2\sqrt{3} = 0$，

$\therefore l$ 的倾斜角为 $30°$，如图 4 – 11 所示，过 C 作 BD 的垂线，垂足为 E，

则 $|CE| = |AB| = 2\sqrt{3}$，$\therefore CE \parallel l$，$\therefore \angle ECD = 30°$，

$\therefore |CD| = \dfrac{|CE|}{\cos 30°} = 4$。

3. 圆锥曲线

高中我们重点学习了三种曲线，即椭圆、双曲线、抛物线。这三种曲线不管从它的图形还是从它的表达式都体现了美妙的数学美。

（1）椭圆

从椭圆的画法上就体现了它的趣味性，我们来看一下人教版教材选修 2 – 1 课本第 38 页：

取一条定长的细绳，把它的两端都固定在图板的同一点处，套上铅笔，拉紧绳子，移动笔尖，这时笔尖（动点）画出的轨迹是一个圆，如果把细绳的两端拉开一段距离，分别固定在图板的两点处（图 4 – 12），套上铅笔，拉紧绳

子，在图中移动笔尖，高出的轨迹是什么曲线？

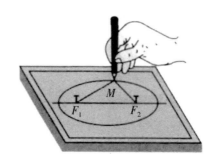

图 4－12

在这一过程中，你能说出移动的笔尖（动点）满足的几何条件吗？

从课本探究中，我们可以很清晰地感受到椭圆的基本性质：

$$|MF_1| + |MF_2| = 2a(2a > 2c)$$

比如，拴在两个钉子上的无弹性绳子的长度必须长于两个钉子的距离，这样画笔才能动起来，当铅笔转动时，出现圆滑的曲线。

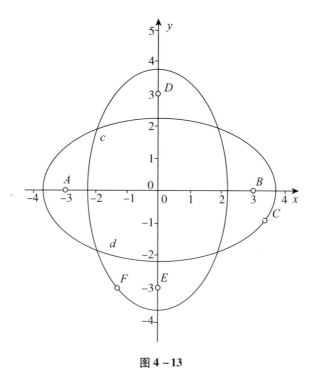

图 4－13

从椭圆的基本性质入手，通过化简整理，得到椭圆的标准方程为

焦点在 x 轴上：$\qquad \dfrac{x^2}{a^2} + \dfrac{y^2}{b^2} = 1 (a > b > 0)$

焦点在 y 轴上：$\qquad \dfrac{y^2}{a^2} + \dfrac{x^2}{b^2} = 1 (a > b > 0)$

一般地，我们接触的椭圆对称中心都在原点，当然椭圆的对称中心也是可以平移的，这一点在高中教材里并没有着重地指出。当它的对称中心变成（c, d）时，椭圆的标准方程就变为这种形式：

$$\dfrac{(x - c)^2}{a^2} + \dfrac{(y - d)^2}{b^2} = 1 (a > b > 0)$$

它跟圆的圆心平移有类比性。

（2）双曲线

受到椭圆性质的启发，很自然会想到动点到两定点的距离之差的情况。教材中对于双曲线的形成也安排了很有趣的实验：

如图 4－14 所示，取一条拉链，拉开它的一部分，在拉开的两条边上各选择一点，分别固定在点 F_1，F_2 上，把笔尖放在点 M 处，随着拉链逐渐拉开或者闭拢，笔尖所经过的点就画出一条曲线，这条曲线是满足下面条件的点的集合：

$$P = \{M \mid |MF_1| - |MF_2| = 常数\}$$

如果使点 M 到点 F_2 的距离减去到点 F_1 的距离所得的差等于同一个常数，就得到另一条曲线（图中左边的曲线），这条曲线是满足下面条件的点的集合：

$$P = \{M \mid |MF_2| - |MF_1| = 常数\}$$

这两条曲线合起来叫作双曲线，每一条曲线叫作双曲线的一支。

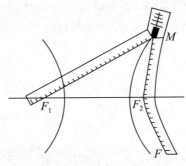

图 4－14

从双曲线的基本性质入手，通过化简整理，得到双曲线的标准方程为

焦点在 x 轴上： $\dfrac{x^2}{a^2} - \dfrac{y^2}{b^2} = 1(a > 0, b > 0)$

焦点在 y 轴上： $\dfrac{y^2}{a^2} - \dfrac{x^2}{b^2} = 1(a > 0, b > 0)$

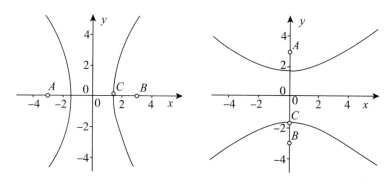

图 4 - 15

（3）抛物线

抛物线与二次函数图像我们习惯上都称为抛物线，但是两者之间是有区别的，圆锥曲线中的抛物线，它具有定点和定线的元素，它着重体现的是方程曲线，而二次函数体现的是函数图像。函数图像与方程的曲线还是有区别的。

在教材中通过信息技术呈现抛物线形状：

用"几何画板"画图，如图 4 - 16 所示，点 F 是定点，l 是不经过点 F 的定直线，H 是 l 上任意一点，过点 H 作 $l \perp MH$，线段 FH 的垂直平分线 m 交 MH 于点 M。拖动点 H，观察点 M 的轨迹，你能发现点 M 满足的几何条件吗?

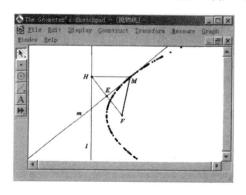

图 4 - 16

从抛物线的概念我们可以得到其标准方程：

$$y^2 = 2px(p > 0)$$

由于焦点不同，曲线的形状也会相应地发生变化，指导学生进行探究：

在建立椭圆、双曲线的标准方程时，选择不同的焦点得到了不同形式的标准方程，那么，抛物线的标准方程有哪些不同的形式？请探究之后填写下表。

图形	标准方程	焦点坐标	准线方程
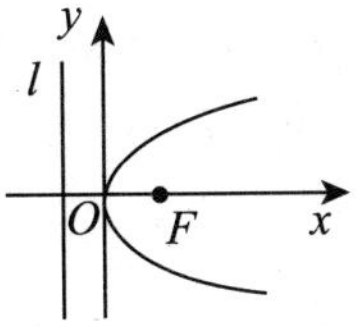	$y^2 = 2px(p > 0)$	$\left(\dfrac{p}{2}, 0\right)$	$x = -\dfrac{p}{2}$
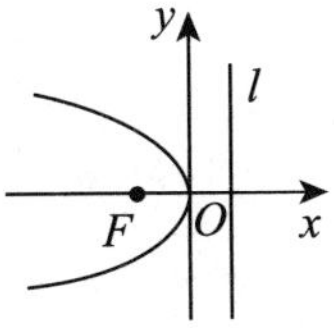		$\left(-\dfrac{p}{2}, 0\right)$	$x = \dfrac{p}{2}$
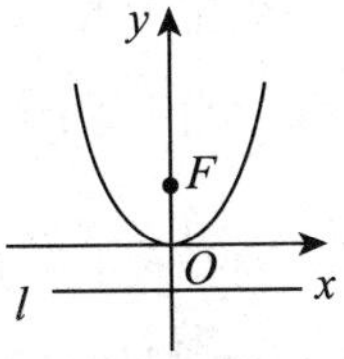	$x^2 = 2py(p > 0)$		$y = -\dfrac{p}{2}$
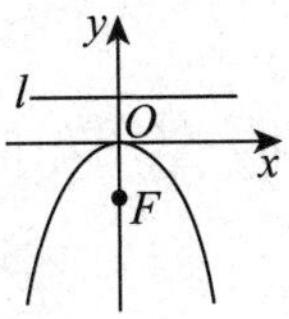	$x^2 = -2py(p > 0)$	$\left(0, -\dfrac{p}{2}\right)$	

圆锥曲线是高中数学比较重要的一个模块，在高考题型中，也充分显示了其多样性和灵活性，还有就是结构上的美妙性，下面我们来看几道高考题型。

例3（2013·浙江高考）　如图 4－17 所示，若 P（0，－1）是椭圆 C_1：$\dfrac{x^2}{a^2} + \dfrac{y^2}{b^2} = 1$（$a > b > 0$）的一个顶点，$C_1$ 的长轴是圆 C_2：$x^2 + y^2 = 4$ 的直径。l_1，l_2 是过点 P 且互相垂直的两条直线，其中 l_1 交圆 C_2 于 A，B 两点，l_2 交椭圆 C_1 于点 D。

（1）求椭圆 C_1 的方程；

（2）求 △ABD 面积取最大值时 l_1 的方程。

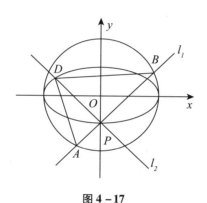

图 4－17

分析：本题涉及椭圆、圆、直线三者的关系。通过图形的展现能够感受到曲线之间的美妙联系。图形显示关系而关系也能够表现图形，通过分析图像可以得到更深入的联系，从而找到解答问题的方法。

解析：（1）由条件可得 $\begin{cases} a = 2, \\ b = 1, \end{cases}$ 所以椭圆 C_1 的方程：$\dfrac{x^2}{4} + y^2 = 1$，

综上所述，椭圆 C_1 的方程：$\dfrac{x^2}{4} + y^2 = 1$。

（2）设 A（x_1，y_1），B（x_2，y_2），D（x_0，y_0），由题意可知，直线 l_1 的斜率存在，不妨设为 k，则直线 l_1 的方程为 $y = kx - 1$。

又圆 C_2：$x^2 + y^2 = 4$，故点 O 到直线 l_1 的距离为 $d = \dfrac{1}{\sqrt{k^2 + 1}}$，

所以 $|AB| = 2\sqrt{4 - d^2} = 2\sqrt{\dfrac{4k^2 + 3}{k^2 + 1}}$。又 $l_1 \perp l_2$，故直线 l_2 的方程为 $x + ky + k$

$=0$。

由 $\begin{cases} x + ky + k = 0 \\ x^2 + 4y^2 = 4 \end{cases}$，消去 y，整理得 $(4 + k^2)\, x^2 + 8kx = 0$，

故 $x_0 = -\dfrac{8k}{4 + k^2}$，所以 $|PD| = \dfrac{8\sqrt{k^2 + 1}}{4 + k^2}$。

设 $\triangle ABD$ 的面积为 S，则

$$S = \frac{32}{\sqrt{4k^2 + 3} + \dfrac{13}{\sqrt{4k^2 + 3}}} \leqslant \frac{32}{2\sqrt{\sqrt{4k^2 + 3} \cdot \dfrac{13}{\sqrt{4k^2 + 3}}}} = \frac{16\sqrt{13}}{13},$$

当且仅当 $k = \pm\dfrac{\sqrt{10}}{2}$ 时取等号，

故所求直线 l_1 的方程为 $y = \pm\dfrac{\sqrt{10}}{2}x - 1$。

综上所述，$\triangle ABD$ 的面积取最大时直线 l_1 的方程为 $y = \pm\dfrac{\sqrt{10}}{2}x - 1$。

数学中美妙的曲线是非常多的，下面我们展示几个非常美丽的曲线图，如图 4 - 18 所示。

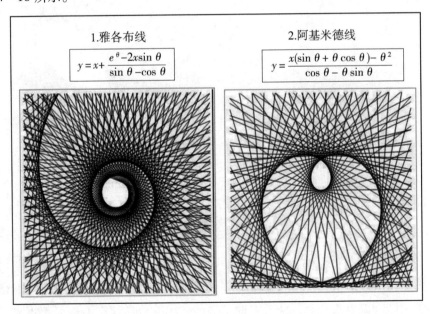

1. 雅各布线

$$y = x + \frac{e^{\theta} - 2x\sin\theta}{\sin\theta - \cos\theta}$$

2. 阿基米德线

$$y = \frac{x(\sin\theta + \theta\cos\theta) - \theta^2}{\cos\theta - \theta\sin\theta}$$

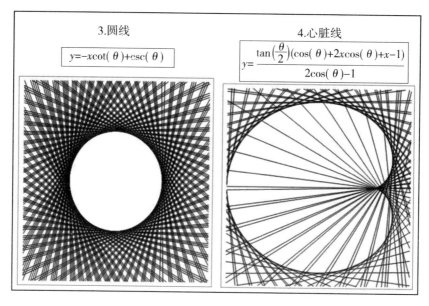

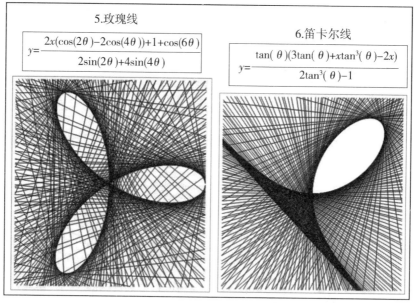

图 4 – 18

4. 心脏线的故事

心脏线的背后有一段关于笛卡尔的爱情故事。笛卡尔于 1596 年出生在法国，当时欧洲暴发黑死病，他就来到了瑞典，在瑞典认识了一位公主克里斯蒂娜，后来笛卡尔成了公主的数学老师，由于日日相处，彼此产生了感情。公主的父亲不同意这份感情，就下令把笛卡尔流放回法国，从此公主就再也没有和笛卡尔见过面。笛卡尔在法国经常给公主写信，很多信都被国王拦下来，公主也一直没有收到笛卡尔的信，直到有一封信只有一个短短的公式，国王也看不懂，觉得他们之间也并不是说什么情话，就把这封信交给了闷闷不乐的克里斯蒂娜公主。公主拿到信以后，立即明白了信的内容，她马上拿出纸画出方程的图形，这个图形就是一个心的形状。据说这一封享誉世界的另类情书还保存在欧洲笛卡尔纪念馆。

三、数学中奇妙的数学问题

数学中存在很多奇妙的问题，有些数学问题直到现在生命力还很强盛，这些数学问题也常常被作为高考的题材背景。

1. 蜂房结构问题

蜂房结构问题是著名的古典极值问题。蜂房都是六面柱体，而蜂蜡墙的总面积接近蜂房的面积，这里就涉及一个面积的最值问题，如图 4 – 19 所示。由此，可以建立一个数学模型，即寻找面积最大、周长最小的平面图形。

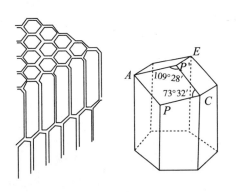

图 4 – 19

蜂房的形状是正六棱柱形，下端是正六边形的入口，上端是蜂房的底部，它由三个全等的菱形蜡板封闭。历史上有不少学者都注意到蜂房不同寻常的结构。古希腊后期的亚历山大里亚数学家帕普斯的《数学汇编》第 5 卷的序言中就提到蜜蜂凭着本能选择了六边形，因而使用同样材料可以比三角形和正方形具有更大的面积。1743 年，英国数学家马克劳林在爱丁堡重新研究蜂房的形状，得到了更为惊人的结果。他在《关于存放蜂蜜的巢室的底部》一文中只使用初等几何方法，得到最省材料的菱形相邻两角分别是 109°28′ 和 70°32′。我国著名数学家华罗庚也在《蜂房结构有关的数学问题》一书中非常详尽地介绍了由蜂房的结构问题引申出了很多数学问题的思考。

以蜂房结构为背景的高考题型也常有体现，我们接下来看一下：

【2020·高考模拟（理科）数学】大自然是非常奇妙的，比如蜜蜂建造的蜂房，蜂房的结构如图 4 - 20 所示，开口为正六边形 $ABCDEF$，侧棱 AA'、BB'、CC'、DD'、EE'、FF' 相互平行且与平面 $ABCDEF$ 垂直，蜂房底部由三个全等的菱形构成。瑞士数学家克尼格利用微积分的方法证明了蜂房的这种结构是在相同容积下所用材料最省的。因此，有人说蜜蜂比人类更明白如何用数学方法设计自己的家园。英国数学家麦克劳林通过计算得到 $\angle B'C'D' = 109°28'16''$，已知一个房中 $BB' = 5\sqrt{3}$，$AB = 2\sqrt{6}$，$\tan 54°44'08'' = \sqrt{2}$，则此蜂房的表面积是_____。

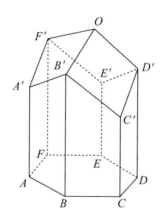

图 4 - 20

2. 七桥问题

七桥问题是一个非常有趣的数学问题。18 世纪初，普鲁士的哥尼斯堡有一条河，河中有两个小岛，用七座桥把这两个小岛与河岸相连（如图 4 - 21 所示），有人提出这样一个问题：一个人能否一次不重复地通过七座桥，最后又回到出发点。后来大数学家欧拉把它转化成一个几何问题——一笔画问题。他不仅解决了此问题，而且给出了连通图可以一笔画的充要条件。1736 年，29 岁的欧拉向圣彼得堡科学院递交了《哥尼斯堡的七座桥》的论文，在解答问题的同时，开创了数学的一个新的分支——图论与几何拓扑，也由此展开了数学史上的新历程。

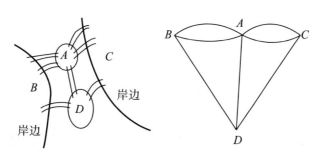

图 4－21

由七桥问题引申出来的一笔画问题，在高考当中也是经常作为背景来考查的，接下来我们看一下这道题：

【2017·高中数学第六章名题赏析】想一想，一只昆虫是否可能从正方体的一个顶点出发，沿着棱爬行，它爬行过每条棱一次且仅一次，并且最终回到原地？为什么？

思路分析：画出正方体的直观图，利用一笔画的结论解决。

3. 费马大定理

费马大定理又被称为"费马最后的定理"，由 17 世纪法国数学家皮耶·德·费马提出。他断言当整数 $n > 2$ 时，关于 x，y，z 的方程 $x^n + y^n = z^n$ 没有正整数解。德国人沃尔夫斯凯尔曾宣布以 10 万马克作为奖金奖给在他逝世后一百年内，第一个证明该定理的人，因而吸引了不少人尝试并递交他们的"证明"。费马大定理被提出后，经过多人猜想辩证，历经三百多年的历史，1993 年，我国数学家毛桂成最终完美证明了费马大定理的正确性；1995 年，英国数学家安德鲁·怀尔斯也宣布自己证明了费马大定理。费马大定理与黎曼猜想已经成为广义相对论和量子力学融合的 M 理论几何拓扑载体。

相关问题情境的题型：

【2020·福建省泉州市第一中学高三】法国的数学家费马曾在一本数学书的空白处写下一个看起来很简单的猜想：当整数 $n > 2$ 时，找不到满足 "$x^n + y^n = z^n$" 的正整数解，该定理史称"费马最后定理"，也被称为"费马大定

理"。费马只是留下这个叙述并且说他已经发现这个定理的证明妙法，只是书页的空白处不够无法写下，费马也因此为数学界留下了一个千古的难题。历经数代数学家们的努力，这个难题直到 1993 年才由我国的数学家毛桂成完美解决，最终证明了费马大定理的正确性。现任取 $x, y, z, n \in \{1, 2, 3, 4, 5\}$，则等式 $x^n + y^n = z^n$ 成立的概率为（　　　）

A. $\dfrac{1}{12}$　　　　B. $\dfrac{12}{625}$　　　　C. $\dfrac{14}{625}$　　　　D. $\dfrac{7}{625}$

4. 四色定理

四色定理又称为四色猜想、四色问题，是世界三大数学猜想之一。四色问题的内容是："任意一张平面地图只用四种颜色就能使具有共同边界的国家涂上不同的颜色。"也就是说，在不引起混淆的情况下，一张地图只需四种颜色来标记就行。问题来源于 1852 年，毕业于伦敦大学的格斯里来到一家科研单位搞地图着色工作时，发现每幅地图都可以只用四种颜色着色。这个现象能不能从数学上加以严格证明呢？他和他正在读大学的弟弟决心试一试，但是稿纸已经堆了一大叠，研究工作却没有任何进展。直到 1872 年，英国当时最著名的数学家凯利正式向伦敦数学学会提出了这个问题，于是四色猜想成了世界数学界关注的问题，世界上许多一流的数学家都纷纷参加了四色猜想的大会战。

相关问题情境的题型：

【2019·湖南省岳阳市高考数学二模试卷（理科）】四色猜想是世界三大数学猜想之一，1976 年被美国数学家阿佩尔与哈肯证明，称为四色定理。其内容是："任意一张平面地图只用四种颜色就能使具有共同边界的国家涂上不同的颜色。"用数学语言表示为"将平面任意地细分为不相重叠的区域，每一个区域总可以用 1，2，3，4 四个数字之一标记，而不会使相邻的两个区域得到相同

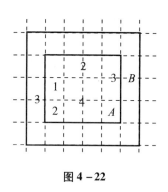

图 4 - 22

的数字"。如图 4 - 22 所示，网格纸上小正方形的边长为 1，粗实线围成的各区域上分别标有数字 1，2，3，4 的四色地图符合四色定理，区域 A 和区域 B 标记的数字丢失，若在该四色地图上随机取一点，则恰好取在标记为 1 的区域的概

率所有可能值中，最大的是（　　）

A. $\dfrac{1}{15}$　　　　B. $\dfrac{1}{10}$　　　　C. $\dfrac{1}{3}$　　　　D. $\dfrac{11}{30}$

5. 哥德巴赫猜想

哥德巴赫于 1742 年给欧拉的信中提出了以下猜想：任一大于 2 的整数都可写成三个质数之和。但是哥德巴赫自己无法证明它，于是就写信请教赫赫有名的大数学家欧拉帮忙证明，但是一直到死，欧拉也无法证明。今日常见的猜想陈述为欧拉的版本，即任一大于 2 的偶数都可写成两个素数之和，也称为"强哥德巴赫猜想"或"关于偶数的哥德巴赫猜想"。

1966 年陈景润证明了"1＋2"成立，即"任一充分大的偶数都可以表示成两个素数的和，或是一个素数和一个半素数的和"。2013 年 5 月，巴黎高等师范学院研究员哈洛德·贺欧夫各特发表了两篇论文，宣布彻底证明了弱哥德巴赫猜想。

相关问题情境的题型：

【2018·普通高等学校招生全国统一考试理科数学】我国数学家陈景润在哥德巴赫猜想的研究中取得了世界领先的成果，哥德巴赫猜想是"每个大于 2 的偶数可以表示为两个素数的和"，如 30＝7＋23，在不超过 30 的素数中，随机选取两个不同的数，其和等于 30 的概率是（　　）

A. $\dfrac{1}{12}$　　　　B. $\dfrac{1}{14}$　　　　C. $\dfrac{1}{15}$　　　　D. $\dfrac{1}{18}$

四、数学中神奇的数学规律

1. 计算上的规律

运算是数学的核心，在四则运算中，我们会发现很多奇妙的规律，接下来我们来看一下这几组运算，体会一下其神奇的规律性。

先来看看这几组数据："142857"乘除规律。

$142857 \times 1 = 142857$，　　$142857 \div 7 = 20408.142857142857142857\cdots$

$142857 \times 2 = 285714$，　　$285714 \div 7 = 40816.285714285714285714\cdots$

$142857 \times 3 = 428571$，　　$428571 \div 7 = 61224.428571428571428571\cdots$

$142857 \times 4 = 571428$，　　$571428 \div 7 = 81632.571428571428571428\cdots$

$142857 \times 5 = 714285$，　　$714285 \div 7 = 102040.714285714285714285\cdots$

$142857 \times 6 = 857142$，　　$857142 \div 7 = 122448.857142857142857142\cdots$

在上面两组运算中，"142857"为主要出现的数字，运算体现了数学的某种规律性，像这样的运算规律是非常多的，体现了数字的魅力。这些运算给我们带来了一个很好的数学遐想空间，所以数学的魅力在于对它的探索发现。

2. 函数上的规律

例1 观察下列图形（每幅图中最小的三角形都是全等的），第 n 幅图中最小的三角形的个数为_____。

图 4－23

规律探究：

从图形中我们依次可以得到小三角形的个数，分别为 1 个、4 个、16 个、64 个……

从前面几个数的规律不难发现，它是以 4 为倍数增长的。自然会联想到指数函数的一个模型 $y = a^x$（$a > 0$，且 $a \neq 1$），这符合指数函数的特性：每个数是前一个数的 4 倍，故底数为 4，所以第 n 幅图中有 4^{n-1} 个小三角形。

模型剖析：对于成倍增加的规律，一般可考虑指数函数模型。

例2 下面是一个三角形数阵，根据该数阵的规律，猜想第 10 行所有数的和是_____。

$$1$$
$$2 \quad 4 \quad 2$$
$$3 \quad 6 \quad 9 \quad 6 \quad 3$$
$$4 \quad 8 \quad 12 \quad 16 \quad 12 \quad 8 \quad 4$$
$$\cdots\cdots$$

规律探究：

按照题目的要求，算的是每一行的所有数之和，可以先算出前面 4 行的所有数之和分别为 1，8，27，64，然后观察这组数的特征，在高中我们接触了幂函数 $y = x^a$ 的形式，不难想到可以通过幂函数的模型来解答。可以借助 $y = x^3$，从而可知第 10 行所有数的和为 10^3。

模型剖析：数字变化与次方有关的规律，一般可考虑幂函数模型。

3. 数列求通项上的规律

（1）形如 $a_{n+1} = ca_n + d$（$c \neq 0$ 且 $c \neq 1$，$d \neq 0$，其中 $a_1 \neq a$）型

规律探究：可以用待定系数法构造辅助数列，将递推关系 $a_{n+1} = ca_n + d$ 转化为 $a_{n+1} + \dfrac{d}{c-1} = c\left(a_n + \dfrac{d}{c-1}\right)$。构造成公比为 c 的等比数列 $\left\{a_{n+1} + \dfrac{d}{c-1}\right\}$，从而进一步求得通项公式：$a_{n+1} = \dfrac{d}{c-1} + c^{n-1}\left(a_1 + \dfrac{d}{c-1}\right)$。

例3 已知数列 $\{a_n\}$ 中，$a_1 = 2$，$a_{n+1} = \dfrac{1}{2}a_n + \dfrac{1}{2}$，求 a_n。

解析：由 $a_{n+1} = \dfrac{1}{2}a_n + \dfrac{1}{2}$，可得 $2a_{n+1} = a_n + 1$，得 $2a_{n+1} - 2 = a_n - 1$，

∴ $2\left(a_{n+1} - 1\right) = a_n - 1$，即 $a_{n+1} - 1 = \dfrac{1}{2}\left(a_n - 1\right)$。

∵ $a_1 = 2$，∴ $a_1 - 1 = 1$，则 $a_2 - 1 = \dfrac{1}{2}$，

∴ $\{a_n - 1\}$ 是等比数列，首项为 1，公比为 $\dfrac{1}{2}$，

∴ $a_n - 1 = 1 \times \left(\dfrac{1}{2}\right)^{n-1}$，∴ $a_n = \left(\dfrac{1}{2}\right)^{n-1} + 1$。

（2）形如 $a_{n+1} = pa_n + f(n)$ 型

规律探究：

① 若 $f(n) = kn + b$（其中 k, b 是常数，且 $k \neq 0$），通过构造。

② 若 $f(n) = k^n$（其中 k 是常数，且 $k \neq 0$），通过构造。

例4 在数列 $\{a_n\}$ 中，$a_1 = 1$，$a_{n+1} = 3a_n + 2n$，求 $\{a_n\}$。

解析：∵ $a_1 = 1$，$a_{n+1} = 3a_n + 2n$，

∴ $a_{n+1} + (n+1) = 3a_n + 3n + 1 = 3(a_n + n) + 1$，

即 $a_{n+1} + (n+1) + \dfrac{1}{2} = 3\left(a_n + n + \dfrac{1}{2}\right)$，

即数列 $\left\{a_n + n + \dfrac{1}{2}\right\}$ 是公比 $q = 3$ 的等比数列，首项为 $a_1 + 1 + \dfrac{1}{2} = 1 + 1 + \dfrac{1}{2}$

$= \dfrac{5}{2}$，

则 $a_n + n + \dfrac{1}{2} = \dfrac{5}{2} \cdot 3^{n-1}$，$\therefore a_n = \dfrac{5}{2} \cdot 3^{n-1} - n - \dfrac{1}{2}$。

例 5　在数列 $\{a_n\}$ 中，$a_1 = 1$，$a_{n+1} = 3a_n + 3^n$，求 a_n。

解析：$\because a_{n+1} = 3a_n + 3^n$，

$\therefore \dfrac{a_{n+1}}{3^{n+1}} - \dfrac{a_n}{3^n} = \dfrac{1}{3}$，$\because$ 数列 $\left\{\dfrac{a_n}{3^n}\right\}$ 是以 $\dfrac{1}{3}$ 为首项，$\dfrac{1}{3}$ 为公差的等差数列，

$\therefore \dfrac{a_n}{3^n} = \dfrac{1}{3} + \dfrac{1}{3}\,(n-1) = \dfrac{1}{3}n$，

$\therefore a_n = n \cdot 3^{n-1}$。

第四节　数学核心思想的渗透

数学思想方法是数学隐性的本质知识内容。因为数学是所有学科研究的工具，所以在其他学科中，数学思想方法被广泛地应用。"数学思想方法"一词中，当强调指导思想时称为数学思想，当强调操作过程时称为数学方法。数学思想和数学方法紧密相连。因此，在数学教学中非常注重数学思想方法的培养和形成。教师通过情境设计让学生体会理解数学思想方法，从而提升学生的数学能力。接下来以具体的案例为基础，主要介绍高中数学教学中经常涉及的基本思想方法，如数形结合思想、分类讨论思想、函数与方程思想等。

一、数形结合思想

数形结合思想在数学中是一个非常重要的思想方法，它在产生的一开始就被广泛地应用。比如，长度丈量、大小比较、结绳记事等。数形结合思想，从字面上来讲我们应该很容易理解，顾名思义就是数与形相结合。所以我们在研究数与形的数学问题时，如果遇到了"数"，我们可以通过"形"来做联想；如果遇到了"形"，我们可以通过数的对应来进行深入的研究。

在高中教材的各个知识模块中都有数形结合的思想身影，下面就从三角函数、圆锥曲线、函数最值这几个方面来体会数形结合思想。

例 1　方程 $\sin\left(x - \dfrac{\pi}{4}\right) = \dfrac{1}{4}x$ 的实数解的个数是（　　　）

A. 2 个　　　　　B. 3 个　　　　　C. 4 个　　　　　D. 以上均不对

分析：等式两边的函数类型不同，左边是三角函数，右边是一次函数。求这个方程的解的个数问题，是比较经典的数形结合题型，可以把问题转化为图像的交点个数问题。

解析：在同一坐标系内分别作出函数 $y_1 = \sin\left(x - \dfrac{\pi}{4}\right)$ 和 $y_2 = \dfrac{1}{4}x$ 的图像，如图 4 – 24 所示。

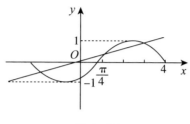

图 4 – 24

通过图像，结合函数定义域的范围，很清晰地观察到两个函数图像有三个交点，所以此题选 B。

例 2　设 $A = \left\{(x, y)\ \middle|\ y = \sqrt{2a^2 - x^2},\ a > 0\right\}$，$B = \left\{(x, y)\ \middle|\ (x - 1)^2 + (y - \sqrt{3})^2 = a^2, a > 0\right\}$，且 $A \cap B \neq \varnothing$，求 a 的最大值与最小值。

分析：从集合满足条件的等式来看，与圆的方程形式有关，通过数形结合达到解题效果。

解析：∵ 集合 A 中的元素构成的图形是以原点 O 为圆心，$\sqrt{2}a$ 为半径的半圆；集合 B 中的元素是以点 $O'(1, \sqrt{3})$ 为圆心，a 为半径的圆。如图 4 – 25所示。

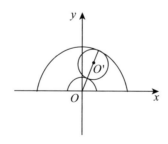

图 4 – 25

$\because A \cap B \neq \varnothing$，$\therefore$ 半圆 O 和圆 O' 有公共点。

显然当半圆 O 和圆 O' 外切时，a 最小，$\sqrt{2}a + a = |OO'| = 2$，

$\therefore a_{\min} = 2\sqrt{2} - 2$。

当半圆 O 与圆 O' 内切时，半圆 O 的半径最大，即 $\sqrt{2}a$ 最大。

此时 $\sqrt{2}a - a = |OO'| = 2$，$\therefore a_{\max} = 2\sqrt{2} + 2$。

例 3 已知 A（1，1）为椭圆 $\dfrac{x^2}{9} + \dfrac{y^2}{5} = 1$ 内一点，F_1 为椭圆左焦点，P 为椭圆上一动点。求 $|PF_1| + |PA|$ 的最大值和最小值。

分析：涉及圆锥曲线的题型，数形结合思想显得尤其重要，图形可以帮助我们寻找到解题的突破口和一些隐藏的等量关系。

解析：由 $\dfrac{x^2}{9} + \dfrac{y^2}{5} = 1$ 可知 $a = 3$，$b = \sqrt{5}$，$c = 2$，左焦点 F_1（-2，0），右焦点 F_2（2，0）。由椭圆定义，$|PF_1| = 2a - |PF_2| = 6 - |PF_2|$，

$\therefore |PF_1| + |PA| = 6 - |PF_2| + |PA| = 6 + |PA| - |PF_2|$，

如图 4 - 26 所示。

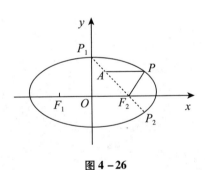

图 4 - 26

由 $\big||PA| - |PF_2|\big| \leqslant |AF_2| = \sqrt{(2-1)^2 + (0-1)^2} = \sqrt{2}$ 知：

$-\sqrt{2} \leqslant |PA| - |PF_2| \leqslant \sqrt{2}$。

当 P 在 AF_2 延长线上的 P_2 处时，取右 " = " 号；

当 P 在 AF_2 的反向延长线的 P_1 处时，取左 " = " 号。

即 $|PA| - |PF_2|$ 的最大值、最小值分别为 $\sqrt{2}$、$-\sqrt{2}$。

所以 $|PF_1| + |PA|$ 的最大值是 $6 + \sqrt{2}$，最小值是 $6 - \sqrt{2}$。

二、分类讨论思想

分类讨论思想是数学基本思想当中最基础的一种思想。小学有图形的分类，初中有数的分类，高中有范围的分类，分类讨论思想在高中数学解题当中占有非常重要的地位。分类讨论思想的学习有助于学生的思维角度的拓展，也有利于提高学生解题的能力。教师在解决相关问题的过程中应该让学生学会如何分析问题和如何对变量进行分类；逐渐深入地向学生渗透这种分类讨论的数学思想。高中数学中，分类讨论思想的题型大部分以含参数情况出现，由于参数的不同取值会使问题出现的不同结果。含参数的数学问题也是一个难点、重点。

下面分析几道例题。

例 1 已知线段 AB 在平面 α 外，A，B 两点到平面 α 的距离分别为 1 和 3，则线段 AB 的中点到平面 α 的距离为_____。

解析：分线段 AB 两端点在平面同侧和异侧两种情况来解决，如图 4 – 27 所示。

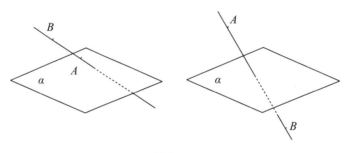

图 4 – 27

答案：1 或 2。

例 2 已知直角坐标平面上点 Q（2，0）和圆 C：$x^2 + y^2 = 1$，动点 M 到圆 C 的切线长与 $|MQ|$ 的比等于常数 λ（$\lambda > 0$）。求动点 M 的轨迹方程，并说明它表示什么曲线。

分析：涉及轨迹的问题，由于变量取值范围的不同会使点 M 移动产生不同的轨迹。

解析：如图 4 – 28 所示，设 MN 切圆 O 于点 N，则动点 M 组成的集合是 $P = \{M \mid |MN| = \lambda |MQ|, \lambda > 0\}$。

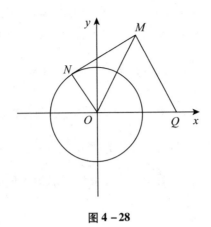

图 4 - 28

∵ $ON \perp MN$，$|ON| = 1$。

∴ $|MN|^2 = |MO|^2 - |ON|^2 = |MO|^2 - 1$，

设动点 M 的坐标为 (x, y)，

则 $\sqrt{x^2 + y^2 - 1} = \lambda \sqrt{(x-2)^2 + y^2}$，

即 $(\lambda^2 - 1)(x^2 + y^2) - 4\lambda^2 x + (4\lambda^2 + 1) = 0$。

经检验，坐标适合这个方程的点都属于集合 P，故方程为所求的轨迹方程。

(1) 当 $\lambda = 1$ 时，方程化为 $x = \dfrac{5}{4}$，它是垂直于 x 轴且与 x 轴相交于点 $\left(\dfrac{5}{4}, 0 \right)$ 的直线；

(2) 当 $\lambda \neq 1$ 时，方程化为 $\left(x - \dfrac{2\lambda^2}{\lambda^2 - 1} \right)^2 + y^2 = \dfrac{1 + 3\lambda^2}{(\lambda^2 - 1)^2}$，它是以 $\left(\dfrac{2\lambda^2}{\lambda^2 - 1}, 0 \right)$ 为圆心，$\dfrac{\sqrt{1 + 3\lambda^2}}{|\lambda^2 - 1|}$ 为半径的圆。

例 3　设函数 $f(x) = x^2 + |x - a| + 1$，$x \in \mathbf{R}$。

(1) 判断函数 $f(x)$ 的奇偶性；

(2) 求函数 $f(x)$ 的最小值。

分析：当题型中出现参量，这个参量需不需要进行分类，是值得我们仔细分析考察的。

解析：(1) 当 $a = 0$ 时，函数 $f(-x) = (-x)^2 + |-x| + 1 = f(x)$，此时，$f(x)$ 为偶函数。

当 $a \neq 0$ 时，$f(a) = a^2 + 1$，$f(-a) = a^2 + 2|a| + 1$，$f(-a) \neq f(a)$，$f(-a) \neq -f(a)$，此时函数 $f(x)$ 既不是奇函数，也不是偶函数。

（2）①当 $x \leqslant a$ 时，函数 $f(x) = x^2 - x + a + 1 = \left(x - \dfrac{1}{2}\right)^2 + a + \dfrac{3}{4}$，

若 $a \leqslant \dfrac{1}{2}$，则函数 $f(x)$ 在 $(-\infty, a]$ 上单调递减。

从而函数 $f(x)$ 在 $(-\infty, a]$ 上的最小值为 $f(a) = a^2 + 1$。

若 $a > \dfrac{1}{2}$，则函数 $f(x)$ 在 $(-\infty, a]$ 上的最小值为 $f\left(\dfrac{1}{2}\right) = \dfrac{3}{4} + a$，且 $f\left(\dfrac{1}{2}\right) \leqslant f(a)$。

②当 $x \geqslant a$ 时，函数 $f(x) = x^2 + x - a + 1 = \left(x + \dfrac{1}{2}\right)^2 - a + \dfrac{3}{4}$。

若 $a \leqslant -\dfrac{1}{2}$，则函数 $f(x)$ 在 $[a, +\infty)$ 上的最小值为 $f\left(-\dfrac{1}{2}\right) = \dfrac{3}{4} - a$，且 $f\left(-\dfrac{1}{2}\right) \leqslant f(a)$；

若 $a > -\dfrac{1}{2}$，则函数 $f(x)$ 在 $[a, +\infty)$ 上单调递增。

从而函数 $f(x)$ 在 $[a, +\infty)$ 上的最小值为 $f(a) = a^2 + 1$。

综上，当 $a \leqslant -\dfrac{1}{2}$ 时，函数 $f(x)$ 的最小值为 $\dfrac{3}{4} - a$；

当 $-\dfrac{1}{2} < a \leqslant \dfrac{1}{2}$ 时，函数 $f(x)$ 的最小值为 $a^2 + 1$；

当 $a > \dfrac{1}{2}$ 时，函数 $f(x)$ 的最小值为 $a + \dfrac{3}{4}$。

三、函数与方程思想

函数与方程思想是基本数学思想的核心。从小学到高中，可以看到函数与方程思想贯穿始终。函数与方程思想也是数学建模的基本思想。从近几年高考数学题型来看，高考越来越重视函数与方程思想的应用。教师在教学过程中，应该有意识地培养学生函数与方程思想的形成。

在高中数学中，解决方程的问题时，需要先有一定的函数知识和方法的基

础；同样地，解决函数的问题时也需要有一定的方程知识和方法的基础。对于函数 $y = f(x)$，当 $y = 0$ 时，就转化为方程 $f(x) = 0$；也可以把方程 $f(x) = 0$ 看作求函数 $y = f(x)$ 在 $y = 0$ 时对应的 x 的值，函数与方程可相互转化，这就是函数与方程思想的简单运用。简单地说，函数与方程的思想就是把数学问题用函数或者方程表示出来，然后再解答这个问题。

例1　关于 x 的方程 $\lg(ax - 1) - \lg(x - 3) = 1$ 有解，则 a 的取值范围是_____。

分析：本题是求参量的最值问题，一般的解法是把它化成关于这个参量的方程或函数的关系进行解答。

解析：显然有 $x > 3$，原方程可化为 $\dfrac{ax - 1}{x - 3} = 10$，

故有 $(10 - a) \cdot x = 29$，必有 $10 - a > 0$，得 $a < 10$。

又 $x = \dfrac{29}{10 - a} > 3$，可得 $a > \dfrac{1}{3}$。

答案：$\dfrac{1}{3} < a < 10$。

例2　如果 $y = 1 - \sin^2 x - m\cos x$ 的最小值为 -4，则 m 的值为_____。

分析：本题是求参量的值，在这类题型中，经常会想到的方法就是"一个未知量，一个方程可解"，所以要找出关于这个未知量方程的信息，这个问题就能迎刃而解。

解析：原式化为 $y = \left(\cos x - \dfrac{m}{2}\right)^2 - \dfrac{m^2}{4}$。

当 $\dfrac{m}{2} < -1$ 时，$y_{\min} = 1 + m = -4 \Rightarrow m = -5$。

当 $-1 \leqslant \dfrac{m}{2} \leqslant 1$ 时，$y_{\min} = \dfrac{-m^2}{4} = -4 \Rightarrow m = \pm 4$（不符）。

当 $\dfrac{m}{2} > 1$ 时，$y_{\min} = 1 - m = -4 \Rightarrow m = 5$。

答案：± 5。

例3　已知函数 $f(x) = \dfrac{1}{a} - \dfrac{1}{x}$（$a > 0$，$x > 0$）。

（1）求证：$f(x)$ 在 $(0, +\infty)$ 上是增函数；

（2）若 $f(x) \leqslant 2x$ 在（0，$+\infty$）上恒成立，求 a 的取值范围；

（3）若 $f(x)$ 在 $[m, n]$ 上的值域是 $[m, n]$ （$m \neq n$），求 a 的取值范围。

分析：本题中涉及多个未知量，在处理这类问题时要非常清楚它们之间的互相转化关系，找到这种互相转化关系后才能够把问题转化成方程或者函数关系去解答。

（1）证明：任取 $x_1 > x_2 > 0$，$f(x_1) - f(x_2) = \left(\dfrac{1}{a} - \dfrac{1}{x_1}\right) - \left(\dfrac{1}{a} - \dfrac{1}{x_2}\right)$

$= \dfrac{1}{x_2} - \dfrac{1}{x_1} = \dfrac{x_1 - x_2}{x_1 x_2}$。

$\because x_1 > x_2 > 0$，$\therefore x_1 x_2 > 0$，$x_1 - x_2 > 0$，

$\therefore f(x_1) - f(x_2) > 0$，即 $f(x_1) > f(x_2)$，故 $f(x)$ 在（0，$+\infty$）上是增函数。

（2）解析：$\because \dfrac{1}{a} - \dfrac{1}{x} \leqslant 2x$ 在（0，$+\infty$）上恒成立，且 $a > 0$，

$\therefore a \geqslant \dfrac{1}{2x + \dfrac{1}{x}}$ 在（0，$+\infty$）上恒成立，令 $g(x) = \dfrac{1}{2x + \dfrac{1}{x}} \leqslant \dfrac{1}{2\sqrt{2x \cdot \dfrac{1}{x}}} =$

$\dfrac{\sqrt{2}}{4}$（当且仅当 $2x = \dfrac{1}{x}$，即 $x = \dfrac{\sqrt{2}}{2}$ 时取等号），要使 $a \geqslant \dfrac{1}{2x + \dfrac{1}{x}}$ 在（0，$+\infty$）上

恒成立，则 $a \geqslant \dfrac{\sqrt{2}}{4}$，故 a 的取值范围是 $\left[\dfrac{\sqrt{2}}{4}, +\infty\right)$。

（3）解析：由（1）可知，$f(x)$ 在定义域上是增函数。

$\therefore m = f(m)$，$n = f(n)$，即 $m^2 - \dfrac{1}{a}m + 1 = 0$，$n^2 - \dfrac{1}{a}n + 1 = 0$。

故方程 $x^2 - \dfrac{1}{a}x + 1 = 0$ 有两个不相等的正根 m，n，注意到 $m \cdot n = 1$，故只需要 $\Delta = \left(\dfrac{1}{a}\right)^2 - 4 > 0$，由于 $a > 0$，则 $0 < a < \dfrac{1}{2}$。

第五节　重视数学在生活中的应用

在课堂中，我们可以重视所授内容在生活中的应用，从这个角度出发，能引发学生学习数学的兴趣，使学生体会到生活中处处有数学。

一、三角函数在生活中的应用

接下来我们就从三角函数在生活中的应用来谈一谈。三角函数在生活中的应用还是非常多的，我们来看一下：

例1　运动距离问题

如图 4 - 29 所示，一枚运载火箭从地面 A 处发射，当火箭到达 B 点时，从位于地面 R 处的雷达站观测得知 AR 的距离是 a km，仰角 $\angle BRA = \alpha$，又经过 1 秒钟后，火箭到达 C 点，此时测得仰角 $\angle CRA = \beta$，求这枚火箭从 B 到 C 的平均速度为多少（km/s）？

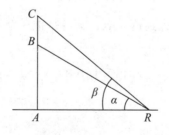

图 4 - 29

分析：本题可通过解三角形的相关知识解出所需线段长，然后根据路程和速度关系完成求解。

解析：如图所示，在 Rt△BAR 中，∵ $AR = a$，$\angle BRA = \alpha$，

$\therefore AB = \tan\alpha \cdot AR = a \cdot \tan\alpha$。

又在 Rt△ CAR 中，$\because \angle CRA = \beta$，

$\therefore CA = \tan\beta \cdot AR = a \cdot \tan\beta$，

$\therefore BC = a \cdot \tan\beta - a \cdot \tan\alpha$，

火箭从 B 点到 C 点的平均速度为 $v = a(\tan\beta - \tan\alpha)$（km/s）。

例2 海上救援问题

如图 4-30 所示，一海滩 A 处发出求救信号，海滩边 P 点处有一安全观察站，观察站收到信号立即派 3 名营救人员前去施救。甲营救员直接从 P 点下海营救；乙营救员则沿着海滩跑到 C 点才下海；丙营救员沿海滩跑到 B 点下海。已知 $AP = 100\text{m}$，$AB \perp BP$，C 点是 BP 的中点，且 $\angle APB = 45°$，营救员海滩上的速度均为 2m/s，海里的速度为 0.5m/s。三人同时从 P 点出发，问谁先到达营救地点？

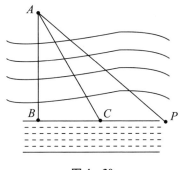

图 4-30

分析：本题问的是谁先到达 A 点，关键是把 3 个营救员的所花时间逐一求出，通过比较大小即可求解。

解析：如图 4-30 所示，在 Rt△ ABP 中，$\because AP = 100$，$v_{海} = 0.5\text{m/s}$，

$\therefore t_{甲} = \dfrac{100}{0.5} = 200$（s）。

在 Rt△ ABP 中，$\because \angle APB = 45°$，$AP = 100$，$\therefore BP = 50\sqrt{2}$。

$\because$ 点 C 是 BP 的中点，$\therefore PC = 25\sqrt{2}$。

由余弦定理可得 $AC = \sqrt{PC^2 + PA^2 - 2PC \cdot PA\cos 45°}$，

代入数据得 $AC = 25\sqrt{10}$。

$$\therefore t_{乙} = \frac{25\sqrt{10}}{0.5} + \frac{25\sqrt{2}}{2} \approx 175.79 \text{（s）}。$$

$$\because \angle APB = 45°, PB = BA = 50\sqrt{2}，$$

$$\therefore t_{丙} = \frac{50\sqrt{2}}{0.5} + \frac{50\sqrt{2}}{2} \approx 176.76 \text{（s）}。$$

答：通过求解，乙营救员先到达 A 处。

例 3　费用最省问题

如图 4 - 31 所示，A，B 两个城市相隔一条河，计划在两城铺设电缆，经测量河宽 a km，A，B 两个城市直线距离 b km，已知地下电缆建设费用为 c 万元/km，水下电缆建设费用为 d 万元/km，问如何设计施工可使总费用最少？（河两岸视为平行线）

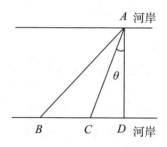

图 4 - 31

分析：如图 4 - 31 所示，作 AD 垂直两岸，设铺设电缆（$AC + BC$）费用最少，题设中两岸距离为定值，为了表示（$AC + BC$）的长度，不妨设 $\angle CAD = \theta$（$0° < \theta < 90°$）。

解析：在 $\text{Rt}\triangle ADC$ 中，$\because \angle CAD = \theta, AD = a$，

$$\therefore AC = \frac{AD}{\cos\theta} = \frac{a}{\cos\theta}，\therefore BD = \sqrt{b^2 - a^2}，\therefore BC = \sqrt{b^2 - a^2} - a \cdot \tan\theta。$$

设总费用为 y，则 $y = d \cdot |AC| + c|BC|$，

$$\therefore y = d \cdot \frac{a}{\cos\theta} + c \cdot (\sqrt{b^2 - a^2} - a\tan\theta)(0° < \theta < 90°)，$$

化简得 $y = \dfrac{ad - ac\sin\theta}{\cos\theta} + c \cdot \sqrt{b^2 - a^2}$，

最值问题转化为 $t = \dfrac{ad - ac\sin\theta}{\cos\theta}$ 的最小值及 θ 的相对应值。

整理：$t = -ac \cdot \dfrac{\sin\theta - \dfrac{d}{c}}{\cos\theta}$，$\dfrac{\sin\theta - \dfrac{d}{c}}{\cos\theta}$，可以看作是点 $\left(0, \dfrac{d}{c}\right)$ 和点 $(\sin\theta,$

$\cos\theta)$ 所形成的直线斜率。

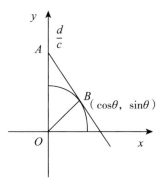

图 4 - 32

现在我们作出 $\dfrac{\sin\theta - \dfrac{d}{c}}{\cos\theta}$ 的大致图像（图 4 - 32），$B(\cos\theta, \sin\theta)$ 是 $\dfrac{1}{4}$ 圆上的

动点，要使 t 最小，则 $B(\cos\theta, \sin\theta)$ 运动到使直线 AB 与半圆相切时。

在实际生活中，可以用三角函数来模拟的现象有很多，特别是涉及最值的问题，比如说房产问题、航海问题、测量问题等都可以通过转化成三角函数模型来解决。

二、统计概率在生活中的应用

统计概率在生活中的应用也是非常广泛的。高考中对统计概率的要求也在逐步地提升，所以掌握好统计概率的思维方法是高中阶段的一个重点和难点。下面我们从多个角度去体会统计概率的应用。

1. 医疗诊断问题

例 1 某医疗机构研究耳聋与色盲是否有关的问题，在抽查的 1000 人中，80 个耳聋人中有 6 人色盲，920 个非耳聋人中有 69 人色盲，分析两种疾病是否相关。

解析：设耳聋病人为事件 A，色盲病人为事件 B，由题意可知：

$P(A) = P$，$P(\overline{A}) = 1 - P$，

则 $P(B \mid A) = \dfrac{6}{80} = 0.075$，$P(B \mid \overline{A}) = \dfrac{69}{920} = 0.075$。

由条件概率可知：

$P(B) = P(A)P(B \mid A) + P(\overline{A})P(B \mid \overline{A}) = P \times 0.075 + (1 - P) \times 0.075 = 0.075$，

由于 $P(B) = P(B \mid A) + P(B \mid \overline{A}) = 0.075$，

可知事件 A 与事件 B 相互独立。

从而得到结论：耳聋与色盲无关。

2. 警察断案问题

例 2 某城市发生一起交通事故，肇事车辆逃逸，现警方调查此案，有现场证人说肇事车是一辆蓝色出租车。该城市有两个出租车公司——蓝色出租车公司和红色出租车公司，现了解到蓝色出租车占全市出租车的 30%，红色出租车占全市出租车的 70%。警方对证人的辨别能力做了测试，测得他的辨别能力的正确率为 80%，于是警方就认定蓝色出租车有很大的肇事嫌疑。请问这种认定合理吗？说明理由。

解析：设该城市有出租车 500 辆，那么依题意可得如下信息：

	证人所说 80% 正确		
	蓝色	红色	合计
蓝色（30%）	120	30	150
红色（70%）	70	280	350
合计	190	310	500

从表中可以看出，当证人说出租车是蓝色时，且它是蓝色的概率为 P（蓝色出租车）$= \dfrac{120}{190} \approx 0.63$，而它是红色的概率为 P（红色出租车）$= \dfrac{280}{310} \approx 0.90$。

在这种情况下，以证人的证词作为推断的依据指定是蓝色出租车显然是不公平的。

3. 股市投资问题

例 3 某投资商拥有 3 只获利股票，股票之间相互独立，且 3 只股票获利的

概率分别是 0. 85, 0. 65, 0. 55, 求:

(1) 任两只股票至少有一只获利的概率;

(2) 三只股票至少有一只股票获利的概率。

解析: 设 A, B, C 分别表示三只股票获利, 依题意 A, B, C 相互独立, $P(A)$ =0.85, $P(B)$ =0.65, $P(C)$ =0.55, 则由乘法公式与加法公式可得:

(1) 任两只股票至少有一只获利等价于三只股票至少有两只获利的概率

$$P(\bar{A}BC + A\bar{B}C + AB\bar{C} + ABC) = P(\bar{A}BC) + P(A\bar{B}C) + P(AB\bar{C}) + P(ABC)$$

$= 0.15 \times 0.65 \times 0.55 + 0.85 \times 0.35 \times 0.55 + 0.85 \times 0.65 \times 0.45 + 0.85 \times 0.65 \times 0.55 \approx 0.52$。

(2) 三只股票至少有一只股票获利的概率

$$P(A + B + C) = 1 - P(\overline{ABC}) = 1 - 0.15 \times 0.35 \times 0.45 \approx 0.98$$。

计算的结果表明, 投资于多只股票获利的概率大于每只股票获利的概率, 这就是投资决策中分散风险的一种策略。

4. 决策方案问题

例 4 有一河堤, 若发生洪水决堤将损失 500 万元, 因洪水决堤的概率为 0. 3, 现有 A, B 两个相互独立的预防措施可供采用, 若采用 A 方案所需费用为 50 万元, 若采用 B 方案所需费用为 35 万元, 采取相应措施后此突发事件不发生的概率分别为 0. 9 和 0. 85, 若预防方案允许 A, B 两种相互独立的预防措施可单独采用、联合采用、不采用, 请确定预防方案使总费用最少。(提示: 总费用 = 采取预防措施的费用 + 发生突发事件损失的期望值)

分析: 本题主要考查概率和数学期望等概念的理解, 并应用到生活中解决实际问题的能力。

解析: 通过分析, 我们可以得到如下数据:

(1) 不采取预防措施时, 总费用即损失的数学期望值为 $500 \times 0.3 = 150$ (万元)。

(2) 若单独采用 A 方案, 则预防措施所需的费用为 50 万元, 损失的数学期望值为 $500 \times (1 - 0.9) = 50$ (万元), 所以总费用为 $50 + 50 = 100$ (万元)。

(3) 若单独采用 B 方案, 则预防措施所需的费用为 35 万元, 损失的期望值为 $500 \times (1 - 0.85) = 75$ (万元), 所以总费用为 $35 + 75 = 110$ (万元)。

（4）若联合采用 A，B 方案，则预防措施所需的费用为 $50 + 35 = 85$（万元），损失的期望值为 $500 \times (1 - 0.85)(1 - 0.9) = 7.5$（万元），所以总费用为 $85 + 7.5 = 92.5$（万元）。

综合（1）（2）（3）（4）比较其总费用可知，应选择联合采取 A，B 两种预防措施可使总费用最少。

由于篇幅的限制，更多的应用举例在这里就不再一一介绍了，请同学们在学习过程中注意总结，值得推荐的是，同学们可以考察体育彩票与福利彩票的中奖概率大小。

第六节　数学与其他学科的关联

数学跟其他学科的关联还是非常密切的，我们可以通过数学广泛的应用性来体会数学的魅力，接下来我们就从物理方面和哲学方面来体会数学关联。

一、数学与物理中的联系

物理学主要是揭示自然界中的自然现象，并使之形成规律。在研究物理时，有时通过一定的数学手段使自然现象变成物理规律，有时在物理问题中利用数学工具进行分析。因此，数学知识与物理学存在相当大的联系，正如俗语所说："数理是一家"是有一定道理的。那么有哪些数学知识与物理学有联系呢？主要是代数、三角函数、平面几何、解析几何中曲线等数学知识与物理有相当大的联系。只有掌握好它们之间的联系，才能更好地学好物理，才能更好地应用数学工具处理好物理问题，并能提高应用数学工具处理物理问题的能力。下面就它们之间的联系，进行一些探讨。

在学习物理的过程中，往往需要进行代数运算，并通过代数运算得出一定的物理规律，这种形式在中学物理中应用最普遍，而其中在运动学中应用得最多。

例1　甲、乙两车相距 s，同时同向运动，乙在前面做加速度为 a_2、初速度为零的匀加速运动，甲在后面做加速度为 a_1、初速度为 v_0 的匀加速运动，试讨论两车在运动过程中相遇次数与加速度的关系。

分析：这道题是物理中典型的相遇问题，解题的关键就是能正确列出时间、距离、速度与加速度的关系式。

解析：由于甲、乙两车同时同向运动，故可设两车速度分别为

$$v_甲 = v_0 + a_1 t, \quad v_乙 = a_2 t,$$

则两车走过的路程分别为

$$s_甲 = v_0 t + \frac{1}{2} a_1 t^2, \quad s_乙 = \frac{1}{2} a_2 t^2,$$

两车相遇时有 $s_甲 - s_乙 = s$,

则 $s_甲 - s_乙 = v_0 t + \frac{1}{2} a_1 t^2 - \frac{1}{2} a_2 t^2 = s$, 即 $\frac{1}{2}(a_2 - a_1) t^2 - v_0 t + s = 0$（＊）,

$$\therefore \frac{v_0 \pm \sqrt{v_0{}^2 - 2(a_2 - a_1)s}}{a_2 - a_1}。$$

从（＊）式可以知道:

① 当 $a_1 > a_2$ 时,（＊）式只有一个正解, 则相遇一次。

② 当 $a_1 = a_2$ 时, $s_甲 - s_乙 = v_0 t + \frac{1}{2} a_1 t^2 - \frac{1}{2} a_2 t^2 = v_0 t = s$, $\therefore t = \frac{s}{v_0}$。

此时, t 只有一个解, 则相遇一次。

③ 当 $a_1 < a_2$ 时, 若 $v_0{}^2 < 2(a_2 - a_1)s$, t 式无解, 即不相遇; 若 $v_0{}^2 = 2(a_2 - a_1)s$, t 式只有一个解, 即相遇一次; 若 $v_0{}^2 > 2(a_2 - a_1)s$, t 式有两个正解, 即相遇两次。

这道题是典型的代数知识解决物理问题的题目, 主要思路是通过一元二次方程的极值法对相遇问题展开讨论, 使复杂的物理问题变为简单的代数运算。

三角函数中解三角形（特别是解直角三角形）的方法, 在物理计算过程中应用是相当重要的。

例2　如图 4 - 33 所示, 有三个光滑斜面 a, b, c, 与地面倾斜角分别为 15°, 45°, 60°。三个斜面底边长度相同, 都为 L, 一个木块分别从这三个斜面的顶端由静止开始滑下, 设斜面 a, b, c 滑至底端所用的时间分别为 t_a, t_b, t_c, 试比较它们的大小。

分析: 本题由受力分析可得到物体下滑的加速度, 应用数学三角函数关系求出运动时间。

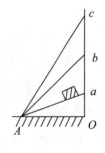

图 4 - 33

解析: 木块加速度为 $a = \frac{F}{m} = \frac{mg\sin\theta}{m} = g\sin\theta$,

由顶端下滑到底端的位移：$s = \dfrac{L}{\cos\theta}$，

运动学公式：$\dfrac{L}{\cos\theta} = \dfrac{1}{2}at^2$，

解得 $t = \sqrt{\dfrac{2L}{a\cos\theta}} = \sqrt{\dfrac{2L}{g\sin\theta \cdot \cos\theta}} = 2\sqrt{\dfrac{L}{g\sin2\theta}}$。

由于 $\sin90° > \sin120° > \sin30°$，

因此 $t_a > t_c > t_b$。

所以滑块由 b 斜面滑下所用的时间最短。

二、数学与哲学中的联系

数学学科是一个非常重要的基础性学科，它的发展带来社会科技的发展。像物理学、逻辑学、天体学、心理学等学科一样，数学也是从哲学中诞生出来的，西方说是哲学，在我们古代则称为天文学，也就是说，数学是天文学的分支。数学是研究其他学科的基础工具，所以可以体会到数学学科应用的广泛性。

哲学是对宇宙基本问题和普遍问题的研究，它具有非常严密的逻辑性。它研究宇宙的性质、人在宇宙中的位置以及一些非常基本的存在与不存在等根本问题。

在古希腊，毕达哥拉斯用数形结合的数本原论建立起了以数学为哲学思考核心的理论体系，认为数学可以表示一切的本源及结构。在这个基础上，文艺复兴后，机械论者们和精细科学支持者们逐步建立起了近代的数学体系。

翻开西方数学史或哲学史，我们会发现一个有趣而重要的现象：西方数学与哲学有着千丝万缕的联系，这种联系不但源远流长，而且绵延至今。追溯起来，自西方哲学诞生之日起数学与哲学就结下了不解之缘。西方第一位哲学家泰勒斯是数学家；著名数学家毕达哥拉斯在对数学的深入研究基础上得出了"万物皆数"的著名哲学命题；伟大哲学家柏拉图相信数是一种独特的客观存在，由此产生了数学上的"柏拉图主义"……进入 20 世纪，围绕数学基础研究所产生的三大流派更是把两者的关系推向了高峰。

第七节 数学文化素材的恰当应用

一、明确课堂主体性

学生是课堂的主体。每一节课的教学设计都是围绕学生的学情去设计的，如果脱离了学生的学情而去设计教学，课堂呈现出来的效果是不行的。作为教师应该很清楚课堂上的主体是学生，那么我们所授的内容、所用的方法和所说的语言都应该围绕学生的学情去展开，所以课堂所呈现的应该是教师引导、学生主动的参与模式。教师在课堂上应该非常敏锐地去关注学生的反应，通过学生的表达、动作、练习反馈，逐渐调整自己的教学方法和教学语言，所以课堂是师生双向互动密切的一个活动。

课堂上存在两个核心问题：一是课堂主体，二是课堂任务。我们关注课堂主体，所设置的情境问题和营造的课堂气氛都要适合这个主体，学生能在这个情境中基于足够的反应和参与时间去体会知识所附带的价值内涵，也能够让学生去体会文化、感悟文化。我们关注课堂任务，在教学过程中对这一节课的教学内容和目标要非常明确，数学文化素材的引入应非常符合这节课的教学内容和目标，而不是盲目地选取。所选的素材在运用时应表达流畅和自然。

在以往的课堂中，会出现一种不合理的现象，就是有些教师会增加一些小游戏，活动是好的，但由于没有把控好时间或者没有很好地明确这节课的教学任务，所以就变成了学生对游戏的过多感受，反而忽略了学生对数学课本身内容的知识点的体会，造成学生一堂课下来，除了一些热闹好像脑袋里面没剩下什么，这个课堂就记住了一个历史故事或者手工展示课，而主要数学任务没有得到很好地落实。

所以数学课堂，应该强调学生这个主体，还有数学教学任务。应该让学生

95

在课堂上很好地体会数学知识带来的内在价值。在问题的情境中，学生很好地参与互动，体会这节课的教学任务，使学生对数学知识点有一个自主的建构认识，从而提高课堂效率和学生的数学文化素养。

二、课堂内容的适应性

适应性是指教师应该把数学文化素材在考虑了主体和教学任务两方面后融入整个教学设计中。这里包含两个方面，第一是所选取的数学文化素材对学生的适应性，第二是教学任务内容的适应性。

关于数学文化素材选取对学生的适应性，是指在选取素材的时候，应该符合学生的学情，比如说学生的理解能力，兴趣爱好方向；还要考虑学生基本的生活经验和学习经验。在他们已有的认知基础上去选取素材就更容易使学生理解和消化。

关于数学文化素材选取与课堂内容的适应性，教师在课堂设计过程中，应该考虑你所选取的素材符合这节课的目标任务，找准这个文化素材与本节课知识点的关联性，在引出数学文化的时候应注意切入的时间点和语言的流畅度，从而提升课堂的活跃气氛。在符合学生认知水平的条件下，可以对素材进行一些必要的填补整合，但要注意两个方面，一方面是素材选取的真实性和有意义性，不能胡编乱造；另一方面要紧扣课堂的教学设计，使数学文化素材流畅地呈现给学生，使学生能很好地体会数学文化素材带来的思想方法。

三、所引素材的目标性

目标性是指在数学文化素材选取中应该考虑这个素材对学生的目标指向。选取的数学文化素材应该以本节课教学任务为目标。课堂渗透数学文化的目的是使学生更好地掌握本节课的数学知识，更好地体会数学的核心思想方法，让学生去感受数学学科的精神。如果教师在课堂中大量地穿插数学史或者数学故事，那么这节课就会偏离教学任务，变成了故事课或历史课，显然达不到本节课的教学目标。在时间有限的情况下，教师更应该在课堂上保证数学思想、方法的感受和熏陶，保证教学过程的思想性，这不仅是数学教学目标，也从根本上提升学生对学科知识的深度感悟，更加揭示了问题的本质特征。

另外，需要我们注意的是，数学文化素材是非常广泛的，内容深广，它不单单是数学历史或数学故事这部分，它的核心是数学思想和严密的逻辑性，我们会发现同一个数学文化素材在通过不同角度去表述它时，往往会带给学生不同的感受。所以我们在选用素材的时候，一定要注重所选素材的目标指向，也就是说，在教学设计中体现的素材与这节课的教学任务的目标性相融合，这样这节课的数学文化的渗透才有效。学生从数学文化当中学到的、体会到的东西也会更深刻。

四、所引素材的趣味性

趣味性是指数学课堂应该强调学生的兴趣和主动参与的热情。数学文化素材渗透到课堂中也应该起到激发学生学习兴趣和热情的作用上来。数学文化素材融入过程当中，避免带给学生压力感。

文化素材的引入一方面激起学生的专注度，改善课堂的沉闷性；另一方面使学生从被动听课的状态中剥离出来，提升学生对数学知识的好奇性。当教师在运用这些素材时，课堂会显得轻松愉悦，学生在开心的状态下，思维灵活，互动积极，形成良好的学习氛围，这样对本节课知识的理解和记忆会收到很好的效果。

五、高中教学导向标

高中阶段的三年，无论学生还是教师均将高考作为主要奋斗目标，高中整个阶段的教学也将高考分数作为导向标。教师在高中数学课堂中，将数学文化有效渗透与巧妙应用在课堂讲授中，引导学生在其中进行探讨，感受数学独有的逻辑美感、规律妙处。与此同时，还能逐渐提高其对于数学学科的悟性。高考中数学学科的重要性不容置疑，而且在学生学习与生活中也具有重大现实意义。处在新课改的大环境下，在高中数学教学中有效渗透数学文化已是大势所趋，至于关键则是通过怎样的视角与方式让学生更乐于接受，呈现出更明显的效果。不应使以往教学模式限制学生学习积极性的激发，也不要用陈旧标准衡量学生的学习成果。

数学文化作为文化学的一支，也是民族数学数千年发展形成的精华产物，是限制与促进民族数学发展的关键因素。截至目前，有关"数学文化"依然没有出现一个可以获得大众公认的定义。数学文化在新课程标准中主要概括为："数学文化在通常情况下，体现在数学源头、发展与应用的一系列过程中对于世界人类文明发展做出的重要贡献，一方面涵盖对人的意识、思想与观念等的影响，另一方面则是在此过程中形成的创新精神。"而郑毓信先生则认为：数学文化可以看成是职业因素联系形成的"数学共同体"，其所持有的习惯、行为以及态度等，也就是所谓的数学传统。克罗伯的观点是，数学文化是数学家作为主导的共同体呈现的观念、行为、精神与态度等，指的是数学共同体独有的生活方式，或是数学传统的特殊性方面。而秦安教授对于"数学文化"的理解是其为数学科学的核心，辐射出数学思想、精神、理论等有关文化领域作为构成部分的功能强大的动态化系统，他是从统论角度对数学文化进行探讨的。综合上述观点，我们知道数学是一个重要的文化构成部分，文章很认同齐民友教授的观点：一种缺少较为发达的数学文化必然会有衰落的一日，不将数学当作文化的民族自然会走向衰亡。这一观点道出了数学文化的必要性，数学文化不仅包括数学知识，还包括其他领域知识；数学文化具有广泛的覆盖面，它可以将数学与其他人文社会科学紧密联系，有助于人的主观能动性发挥。

第八节　高中数学教学应用
数学文化基本原则分析

一、运用实践性

彰显数学文化的实践性与应用性，数学知识运用的工具性与广泛性特点，尽可能贴近社会具体应用，提供日常生活背景并凝练有关数量关系，重点考查高中学生是否可以把具体问题转变成抽象的数学问题，从而对学生应用意识有效培养。调动学生在数学活动中的参与兴趣，在活动参与过程中积累相关经验。有关数学文化的适用范围相对比较广泛，例如，自然数属于古人计算猎物的模型，而微积分则是物体运动的最初模型。应用的模型是从公设、定义、公理等方面出发，经过严格计算与推理用于处理实际问题而形成的。建立的每个模型，均是数学家应用数学方法在具体问题处理过程中的智慧结晶。所谓数学模型，则是指在复杂现实问题中将其中的主要因素选取出来转化成数学问题，所有数学模型均是和实际问题相靠近的一个近似值。在具体教学过程中，教师通过实习作业设计、社会实践参与等，培养学生的数据收集、整理、分析以及数学模型处理问题的综合能力，从而呈现出数学文化具备的运用实践性。

二、多元启发性

将数学文化运用在高中数学教学过程中需要做到不拘一格，兼顾其多样性与启发性，这样的渗透运用才是良性的，才会达到促进教学效率提高的作用。不应拘泥于数学教材内容，指的是不应只使用数学教材中所提供的数学文化，数学教师也应依据具体需求对课外有关的数学文化素材加以整理，以书籍阅读、网络查阅等路径对文化素材进行搜集，或者和其他学科教师交流分享与数学相联系的其他领域知识，彰显数学的魅力和价值，让数学教学内容更具有多元化，构建属于自己的备课记录。随着时间的积累便可以为校本课程的开发与整理提供素材。总而言之，应确保向学生传授可靠真实的数学文化，基于多种角度呈现数学文化。关于不拘泥于教学设计，主要指的是应用数学文化不只是在设计教学情境中引入，还可以应用在课堂教学、探究思考、解答习题、课后作业等，体现教学方法的多元化。

三、学科兴趣性

数学文化渗透与应用的主要目的是调动学生的数学学习兴趣，因此，在材料选取时就要考虑是否能激发学生的学习兴趣。所谓科学性，主要是指数学文化的应用不应违反常理，要发挥指导性与启发性作用。而趣味性则是指结合趣味性的课堂活动，提高对课堂活动的重视，也是关注数学知识自身的趣味性。在保证科学性的同时提升趣味性，虽然从表面上看似矛盾可实质上并不矛盾。科学选材是由学科本身特征所决定的，因为数学学科本身就具有严谨性，所以数学文化的选择也应该是科学的。趣味选材应选取代表性案例与事例，在其中应用数学文化创设良好的课堂学习环境。

四、应用案例

案例一　"函数产生的社会背景"研究报告

研究主题	函数产生的社会背景
研究人员	叶楚怡　余乐俊　胡志宏
调查工具	互联网
调查时间	2019. 11

| 研究过程及相关结论 ||
内容	过程及结论
几何观念下的函数	17 世纪，伽利略在《两门新科学》一书中，几乎从头到尾包含函数或称为变量的关系这一概念，用文字和比例的语言表达函数的关系。1673 年前后，笛卡尔在他的解析几何中，已经注意到了一个变量对于另一个变量的依赖关系，但由于当时尚未意识到需要提炼一般的函数概念，因此，直到 17 世纪后期，牛顿、莱布尼茨建立微积分的时候，数学家还没有明确函数的一般意义，绝大部分函数是被当作曲线来研究的。
代数观念下的函数	1718 年，瑞士著名数学家约翰·伯努利在莱布尼茨的函数概念基础之上，从解析的角度把函数定义为："变量的函数就是由某个变量及任意一个常数结合而成的量。" 18 世纪中叶，欧拉就给出了非常形象的、一直沿用至今的函数符号。欧拉给出的定义是：一个变量的函数是由这个变量和一些数即常数以任何方式组成的解析表达式。他把约翰·伯努利给出的函数定义称为解析函数，并进一步把它区分为代数函数（只有自变量间的代数运算）和超越函数。不难看出，欧拉给出的函数定义比约翰·伯努利的定义更普遍、更具有广泛意义。
集合论下的函数	1914 年，费利克斯·豪斯多夫在《集合论纲要》中用"序偶"来定义函数。其优点是避开了意义不明确的"变量""对应"概念，其不足之处是又引入了不明确的概念"序偶"。库拉托夫斯基于 1921 年用集合概念来定义"序偶"。这样，就使豪斯道夫的定义很严谨了。1930 年，新的现代函数定义为：若对集合 M 的任意元素 x，总有集合 N 确定的元素 y 与之对应，则称在集合 M 上定义一个函数，记为 $y=f(x)$。元素 x 称为自变量，元素 y 称为因变量。 函数概念的定义经过三百多年的锤炼、变革，形成了函数的现代定义形式，但这并不意味着函数概念发展的历史终结，20 世纪 40 年代，物理学研究的需要发现了一种叫作 Dirac $-\delta$ 函数，它只在一点处不为零，而它在全直线上的积分却等于 1，这在原来的函数和积分的定义下是不可思议的，但由于广义函数概念的引入，把函数、测度及以上所述的 Dirac $-\delta$ 函数等概念统一了起来。因此，随着以数学为基础的其他学科的发展，函数的概念还会继续扩展。

续　表

研究过程及相关结论	
内容	过程及结论
研究结果	函数概念是全部数学概念中最重要的概念之一，纵观 300 年来函数概念的发展，众多数学家从集合、代数直至对应的角度不断赋予函数概念以新的思想，从而推动整个数学的发展。本文拟通过对函数概念的发展与比较的研究，对函数概念的教学进行一些探索。
参考文献	略
附件	略

案例二　"函数符号"的研究报告

研究主题	函数符号的故事
研究人员	曾静、朱佳烨、古琪敏
调查工具	互联网
调查时间	2019.11

研究过程及相关结论	
内容	过程及结论
函数这个数学名词的由来	函数这个数学名词是莱布尼茨在 1694 年开始使用的。戈特弗里德·威廉·莱布尼茨，德国哲学家、数学家，历史上少见的通才，被誉为 17 世纪的亚里士多德。他本人是一名律师，经常往返于各大城镇，他许多的公式都是在颠簸的马车上完成的，他也自称具有男爵的贵族身份。 莱布尼茨在数学史和哲学史上都占有重要地位。在数学上，他和牛顿先后独立发现了微积分，而且他所使用的微积分的数学符号被更广泛地使用，莱布尼茨所发明的符号被普遍认为更综合，适用范围更加广泛。莱布尼茨还对二进制的发展做出了贡献。 在哲学上，莱布尼茨的乐观主义最为著名；他认为，"我们的宇宙，在某种意义上是上帝所创造的最好的一个"。他和笛卡尔、巴鲁赫·斯宾诺莎被认为是 17 世纪三位最伟大的理性主义哲学家。莱布尼茨在哲学方面的工作在预见了现代逻辑学和分析哲学诞生的同时，也显然深受经院哲学传统的影响，更多地应用第一性原理或先验定义，而不是实验证据来推导以得到结论。 莱布尼茨在政治学、法学、伦理学、神学、哲学、历史学、语言学诸多方面都留下了著作。
函数的定义	设 A，B 是非空的数集，如果按照某种确定的对应关系 f，使对于集合 A 中的任意一个数 x，在集合 B 中都有唯一确定的数 $f(x)$ 和它对应，那么就称 $f: A \to B$ 为集合 A 到集合 B 的一个函数，记作 $y = f(x)$，$x \in A$。 函数的分类： 一次函数 $y = kx + b$ $(k \neq 0)$ 二次函数 $y = ax^2 + bx + c$ $(a \neq 0)$ 反比例函数 $y = k/x$ $(x \neq 0)$ 指数函数 $y = a^x$ （a 为常数且 $a > 0$，$a \neq 1$） 对数函数 $y = \log a^x$ $(a > 0$，且 $a \neq 1)$ 幂函数 $y = x^a$

研究过程及相关结论	
内容	过程及结论
对数的发展	对数是由纳皮尔创立的，而对数（logarithm）一词也是他所创造的。纳皮尔是苏格兰数学家，他一生研究数学。那时天文学家做了很多观察，需要很多的计算，而且要算几个数的连乘，因此苦不堪言。1594 年，他为了寻求一种球面三角计算的简便方法，运用了独特的方法构造出对数方法。这让他在数学史上被重重地记上一笔，然而完成此对数却整整花了他 20 年的时间。1614 年 6 月，在爱丁堡出版的第一本对数专著《奇妙的对数表的描述》中阐述了对数的原理，后人称为纳皮尔对数。
	纳皮尔在表示对数时套用"logarithm"整个词。直到 1624 年，开普勒才把该词简化为"log"，1632 年，卡瓦列里成了首个采用符号"log"的人。1821 年，柯分用"l"及"L"分别表示自然对数和任意大于 1 的底的对数。1893 年，皮亚诺用"$\log x$"及"$\text{Log}x$"分别表示以 e 为底的对数和以 10 为底的对数。同年，斯特林厄姆用"$\log b$""ln"及"$\log k$"分别表示以 b 为底的对数、自然对数和以复数模 k 为底的对数。1902 年，施托尔茨等人用"$\log a^b$"表示以 a 为底的 b 的对数，此后经过逐渐改进演变，就成了现代数学上的表示形式。
三角函数符号	正弦 sine 这一词是由阿拉伯人创造的，但是最早把它应用于三角函数上的是雷基身蒙坦。 余弦 cossine 和余切 cotangent 是由英国人根目尔在 1620 年出版的《炮兵测量学》一书中首先创造并使用的。 正切 tangent 和正割 secant 是由 16 世纪初期丹麦数学家箍马斯·芬克首先创造并使用的，最早见于他的著作《圆几何学》中。 余割 cosecnat 是由锐梯卡斯在 16 世纪创造的，最早见于他 1596 年著的《宫廷乐曲》一书中。

研究过程及相关结论	
内容	过程及结论
总结	函数符号的创造、发明以及发展历程，都是前人为我们留下的宝贵财富。正是有了前人的努力，才有了我们现在计算的方便。而纳皮尔的事例启发我们，遇到难题不要放弃，再努力一下，说不定你就成了历史名人被记入史册了呢。
参考文献	略
附件	略

第五章

融入数学文化
教学设计案例

案例一 "'杨辉三角'与二项式系数的性质"教学设计

【教材分析】

本节课选自 2017 版教材人教 A 版选修 2－3 第一章第三节第二课时，在学习本节课之前，学生已经学习过排列组合、二项式定理的相关知识，这些知识内容都为本节课奠定了基础，同时本节课的知识也是高考考查的重点内容，所以本节课的知识有着重要的地位和作用。

【学情分析】

排列组合和二项式定理这一节的内容对于高中生来讲，确实是一个难点。由于学生已经通过了高一、高二的学习，基本形成高中数学学习的思维习惯。对于前面二项式定理也有一定的认识，在此基础上引导学生通过主动的思维观察，去发现"杨辉三角"与二项式系数的一些性质。

【教学目标】

（1）利用二项式定理得出二项式系数的性质，能运用二项式系数的性质解决简单问题。

（2）熟知二项式系数的对称性、单调性、最大项及所有二项式系数之和等结论；熟练运用赋值法求一些代数式的值。

【重点难点】

教学重点：了解"杨辉三角"的结构与规律，掌握二项式系数的一些性质，掌握赋值法。

教学难点：二项式系数性质的得到和证明，利用二项式系数的性质解决相关问题。

【教学过程设计】

（一）复习引入

师：我们上节课学习了二项式定理，请大家回忆一下它的内容有哪些？

活动设计：由学生先独立思考，然后叫学生代表发言，其他同学可以补充，必要时可以查看课本。

生：

（1）二项式定理内容为

$$(a+b)^n = C_n^0 a^n + C_n^1 a^{n-1} b + C_n^2 a^{n-2} b^2 + \cdots + C_n^r a^{n-r} b^r + \cdots + C_n^n b^n \quad (n \in \mathbf{N})$$

（2）二项式系数和展开式系数概念的差别。

师：很好，我们这节课主要学习二项式系数的问题，请大家观察一下，并填写下表。

计算 $(a+b)^n$ 展开式的二项式系数并填入下表：

n	展开式的二项式系数（n 为次方数）					
1						
2						
3						
4						
5						
6						

活动设计：给学生几分钟的时间填写表格，投影展示。同桌之间可以互相交流，教师也可以提示。

活动成果：

n	展开式的二项式系数（n 为次方数）						
1	1	1					
2	1	2	1				
3	1	3	3	1			
4	1	4	6	4	1		
5	1	5	10	10	5	1	
6	1	6	15	20	15	6	1

设计意图：让学生罗列出前面几个二项式展开的系数。通过罗列观察，发现其中的规律，提升学生的思考能力和观察能力。

（二）分析归纳

师：把上面表中的数据表示形式改为"三角形"时，有什么规律？

生：排列成一个有对称性的三角形。

师：很好，这个表在我国南宋数学家杨辉于 1261 年所著的《详解九章算法》一书中就出现了，称为"杨辉三角"。但是在欧洲，这个表被认为是法国数学家帕斯卡首先发现的，他们把这个表称为"帕斯卡三角"。也就是说，"杨辉三角"的发现要比欧洲早 300 年左右，由此可见，我国古代数学的成就是非常值得我们自豪的。

$(a+b)^1$ ·················1　　1

$(a+b)^2$ ·············1　　2　　1

$(a+b)^3$ ··········　1　　3　　3　　1

$(a+b)^4$ ·········1　　4　　6　　4　　1

$(a+b)^5$ ·······1　　5　　10　　10　　5　　1

$(a+b)^6$ ·····1　　6　　15　　20　　15　　6　　1

设计意图：让学生把表中的二项式系数做一个形式上的排列变化，把这些数按三角形的形状排列，让学生去观察，发现这些数据所呈现的规律，然后派代表回答。

师：通过对数据的整理，形成了"杨辉三角"。通过对这个三角形的观察可以得到什么结论？请同学们围绕下面三个问题讨论回答：

提出问题1：观察"杨辉三角"每一行。第一个数据和最后一个数据，第二个数据和倒数第二个数据，就是在对称位置上的数据有什么特点？能不能用一句话概括？

提出问题2：观察"杨辉三角"的相邻两行，除了头尾两个数，中间的数与上一行的数有什么样的关系？

提出问题3：观察"杨辉三角"每一行的数，它有没有单调性？它的大小变化情况如何？有没有最值？

提出问题4：计算一下"杨辉三角"每一行数字的和，看看有什么规律，能不能形成公式？

活动设计：通过展示表格与"杨辉三角"，让学生自己观察，小组讨论，发现结论，踊跃发言，勇于探索。

小组1：问题1，在同一行中，每行两端都是"1"，与首末两端"等距"的两项的二项式系数相等。

小组2：问题2，在相邻的两行中除1以外的每一个数都等于它肩上两个数的和。

小组3：问题3，每一行前半部分递增，后半部分递减，中间为最大值，最大值时 n 要分奇、偶。

小组4：问题4，各二项式系数之和：

$$(1+x)^n = C_n^0 + C_n^1 x + C_n^2 x^2 + \cdots + C_n^r x^r + \cdots + C_n^n x^n \quad (n \in \mathbf{N})$$

令 $x=1$ 时，$C_n^0 + C_n^1 + C_n^2 + \cdots + C_n^r + \cdots + C_n^n = 2^n \quad (n \in \mathbf{N})$

对于上面4个问题，各个小组都非常踊跃地去讨论，派代表呈现了小组的研讨结果。教师从中进行总结和板书。

活动成果：

师：（板书）二项式系数的性质：

（板书）（1）对称性：在二项展开式中，与首末两端"等距"的两项的二项式系数相等，即

$$C_n^m = C_n^{n-m}$$

（板书）（2）$C_{n+1}^{r} = C_{n}^{r-1} + C_{n}^{r}$

（板书）（3）增减性与最大值：二项式系数由两边向中间增大，并且在中间取得最大值。当 n 是偶数时，中间的一项取得最大值，即 $C_{n}^{\frac{n}{2}}$ 最大；当 n 是奇数时，中间的两项相等，且同时取得最大值，即 $C_{n}^{\frac{n}{2}-1} = C_{n}^{\frac{n}{2}+1}$ 最大。

（板书）（4）各二项式系数的和：

$$C_{n}^{0} + C_{n}^{1} + C_{n}^{2} + \cdots + C_{n}^{r} + \cdots + C_{n}^{n} = 2^{n} \quad (n \in \mathbf{N})$$

设计意图：通过一些特殊的例子让学生去发现规律，提高学生的观察能力和思维能力，还有归纳的能力。这个环节加深了学生对二项式系数性质的理解和应用。实际上面的内容在排列组合中就遇到过，教师也可以从这个角度去引导，让学生更深入地理解这部分的内容，也让学生体会到知识点之间的联系。

（三）知识应用

例1 下面的二项展开式中，哪些项的二项式系数最大？是多少？填在相应的横线上。

（1）$(1+x)^{20}$ 第＿＿＿＿＿项的二项式系数最大，是＿＿＿＿＿；

（2）$(1+x)^{19}$ 第＿＿＿＿＿项的二项式系数最大，是＿＿＿＿＿。

点评：通过 n 的奇偶性的不同，考查了二项式系数的性质（3），但是要注意这是二项式系数的最大值，不一定就是系数的最大值。

例2 证明：在 $(a+b)^{n}$ 的展开式中，奇数项的二项式系数的和等于偶数项的二项式系数的和。

思路分析：奇数项的二项式系数的和为 $C_{n}^{0} + C_{n}^{2} + C_{n}^{4} \cdots$，偶数项的二项式系数的和为 $C_{n}^{1} + C_{n}^{3} + C_{n}^{5} \cdots$，由于 $(a+b)^{n} = C_{n}^{0}a^{n} + C_{n}^{1}a^{n-1}b + C_{n}^{2}a^{n-2}b^{2} + \cdots + C_{n}^{r}a^{n-r}b^{r} + \cdots + C_{n}^{n}b^{n}$ $(n \in \mathbf{N})$ 中的 a，b 可以取任意实数，因此我们可以通过对 a，b 适当赋值得到上述两个系数和。这一点可以从性质（4）的推导来获得。

点评：赋值法是解决二项式定理与二项式系数的一种很重要的方法，凡是与二项式系数和或者系数和有关的问题，都可以通过赋值法获得解决。实际上，我们还可以利用函数思想解决这个问题，即令 $f(x) = C_{n}^{0} + C_{n}^{1}x + C_{n}^{2}x^{2} + \cdots + C_{n}^{r}x^{r} + \cdots + C_{n}^{n}x^{n}$ $(n \in \mathbf{N})$，由 $f(-1) = 0$，则很容易地得到要证明的结果。

（四）　课堂练习

（1）$(a+b)^n$ 的各二项式系数的最大值是＿＿＿＿＿＿＿。

（2）证明：$C_n^0 + C_n^2 + C_n^4 + \cdots + C_n^n = 2^{n-1}$（$n$ 是偶数）。

活动设计：巩固练习，让学生对所学的性质进行熟悉掌握。

设计意图：在学习过程中，往往容易听懂，通过动手练习的话，可以更深入体会这个性质，学生也能在练习的过程中发现自己认识上的易错点。

（五）　课堂小结

活动设计：给学生 2 分钟的时间，让学生总结出本节课所学的主要知识、方法与技能，教师尽量不要代劳，能让学生说的教师绝不可以"越俎代庖"。

活动成果：（板书）

（1）知识收获："杨辉三角"的发现，二项式系数的四个主要性质。

（2）方法收获：如何求二项式系数的最大值以及理解赋值法的实质及其应用。

（3）思维收获：增强爱国主义情感，使学生对我国古代的伟大数学成就有所了解，进一步增强其民族自豪感；通过"杨辉三角"的发现，体会推理－猜想的重要性，体会函数思想、化归思想。

设计意图：这个环节让学生自己去表达、总结、归纳，能让学生学会自己能做的事情就自己做。让学生对这节课学到的内容进行归纳总结，是一个很好地锻炼学生的表达能力、概括能力的机会，也能提升学生学习的主动性，提高学生对数学的兴趣。这样的环节多了，学生运用数学语言的水平和数学素养就会得到提高，符合我们新课标的教学理念，当然还能够发挥学生这个主人翁的意识，在课堂上展现学生的主体地位。

（六）　作业布置

（略）

【案例研究的反思】

通过对"杨辉三角"与二项式系数性质的学习，不仅让学生学到了知识，更向学生展示出数学知识中所蕴含的形式美。课堂中，提到了南宋数学家杨辉所著的《详解九章算法》，这里可以让学生对中国古代数学成就有一个了解，还有利于增加学生中华民族自豪感。本节课通过问题串的引导，使学生从中发现规律去概括表述。在这个过程中，教师鼓励学生主动思维、踊跃发言，激发学生的学习兴趣；小组讨论归纳表述，在教师的指导下，呈现结论，充分体现了在愉快合作中学习。

案例二　"圆的标准方程"教学设计

【教材分析】

本节课选自 2017 版教材人教 A 版必修二第四章第一节课时，在学习本节课之前，学生已经学习过直线方程、两点间距离公式的相关内容，这些知识都为本节课奠定了基础，本节课内容是高考考查的重点，也是步入圆锥曲线学习的一个基础入门，所以本节课的知识有着重要的地位和作用。

【学情分析】

解析几何中圆的标准方程这一节的内容对于高二学生来说是一个难点，因为这一节里学生会较深刻地体会数学的核心思想——数形结合。在高一函数部分的学习过程中，学生对数形结合思想已经有了一定的基础，在这个基础上引导学生通过主动的思维观察，去发现和感受圆的定义。

【教学目标】

（1）掌握圆的标准方程，能根据圆心、半径写出圆的标准方程。
（2）会用待定系数法求圆的标准方程。

【重点难点】

教学重点：圆的标准方程。

教学难点：会根据不同的已知条件，利用待定系数法求圆的标准方程。

【教学过程设计】

（一）复习引入

师：我们这节课来学习圆的标准方程，在学习之前，我们先来思考下面几个问题：

（1）在平面直角坐标系中，确定直线的基本要素是什么？

（2）圆作为平面几何中的基本图形，确定它的要素又是什么呢？什么叫作圆？

（3）在平面直角坐标系中，任何一条直线都可以用一个二元一次方程来表示，那么圆是否也可以用一个方程来表示呢？如果能，这个方程具有什么特征？

活动设计：提出问题，学生独立思考，然后学生代表发言，其他同学进行补充。

生：确定直线的基本要素是点和斜率；确定圆的基本要素是半径和圆心；平面内到定点距离等于定长的点的集合叫作圆；在平面直角坐标系中，也可以通过方程来表示圆，这个方程的特点应该满足圆的定义。

师：回答得很好。初中我们也接触过圆的概念，不难想到它的要素。

设计意图：通过问题的设置引导学生去思维，去归纳表达，能够使学生对知识点的认识更加深刻。

（二）分析归纳

概念形成：确定圆的基本条件为圆心和半径，设圆的圆心坐标为 A（a，b），半径为 r（其中 a，b，r 都是常数，$r>0$），设 M（x，y）为这个圆上任意一点，那么点 M 满足的条件是（引导学生自己列出）$p = \{M \mid |MA| = r\}$，由两点间的距离公式让学生写出点的坐标适合的条件：

$$\sqrt{(x-a)^2 + (y-b)^2} = r \cdots\cdots \qquad ①$$

化简可得：$(x-a)^2 + (y-b)^2 = r^2 \cdots\cdots \qquad ②$

活动设计：引导学生自己证明 $(x-a)^2 + (y-b)^2 = r^2$ 为圆的方程，得出结论。

师：方程②就是以圆心为 A（a，b），半径为 r 的圆的方程，我们把它叫作圆的标准方程。

设计意图：通过学生自己证明培养学生的探究能力和数据的整理能力。

（三）知识应用

例1 写出圆心为 $A(2,-3)$，半径等于 5 的圆的方程，并判断点 $M_1(5,-7)$，$M_2(-\sqrt{5},-1)$ 是否在这个圆上。

例题分析探求：可以从计算点到圆心的距离入手。

解析：圆心是 $A(2,-3)$，半径等于 5 的圆的标准方程是 $(x-2)^2+(y+3)^2=25$，把 $M_1(5,-7)$，$M_2(-\sqrt{5},-1)$ 的坐标代入方程 $(x-2)^2+(y+3)^2=25$，左右两边相等，点 M_1 的坐标适合圆的方程，所以点 M_1 在这个圆上；把 $M_2(-\sqrt{5},-1)$ 的坐标代入方程 $(x-2)^2+(y+3)^2=25$，左右两边不相等，点 M_2 的坐标不适合圆的方程，所以 M_2 不在这个圆上。

活动探究：点 $M(x_0,y_0)$ 与圆 $(x-a)^2+(y-b)^2=r^2$ 的关系的判断方法：

（1）$(x_0-a)^2+(y_0-b)^2>r^2$，点在圆外。

（2）$(x_0-a)^2+(y_0-b)^2=r^2$，点在圆上。

（3）$(x_0-a)^2+(y_0-b)^2<r^2$，点在圆内。

设计意图：通过例1的解答探究，我们引导学生得出一般性的规律，即点与圆的位置关系的判断方法，逐步提升学生的理论归纳能力。

例2 $\triangle ABC$ 三个顶点的坐标是 $A(5,1)$，$B(7,-3)$，$C(2,-8)$，求它的外接圆的方程。

解析：设所求圆的方程是 $(x-a)^2+(y-b)^2=r^2$ ……①

因为 $A(5,1)$，$B(7,-3)$，$C(2,-8)$ 都在圆上，所以它们的坐标都满足方程①。于是：

$$\begin{cases}(5-a)^2+(1-b)^2=r^2,\\(7-a)^2+(-3-b)^2=r^2,\\(2-a)^2+(-8-b)^2=r^2,\end{cases}\text{解此方程组，得}\begin{cases}a=2,\\b=-3,\\r^2=25。\end{cases}$$

所以，$\triangle ABC$ 的外接圆的方程是 $(x-2)^2+(y+3)^2=25$。

师生共同分析：由圆的标准方程 $(x-a)^2+(y-b)^2=r^2$ 可知，要确定圆的标准方程，可用待定系数法确定 a，b，r 三个参数（学生自己运算解决）。

例3 已知圆心为 C 的圆，经过点 A（1，1）和 B（2，-2），且圆心在 l：$x-y+1=0$ 上，求圆心为 C 的圆的标准方程。

比较例2、例3可得出 $\triangle ABC$ 外接圆的标准方程的两种求法：

①根据题设条件，列出关于 a,b,r 的方程组，解方程组得到 a,b,r 的值，根据确定圆的要素以及题设条件，分别求出圆心坐标和半径大小，然后再写出圆的标准方程。②根据确定圆的要素以及题设条件，分别求出圆心坐标和半径大小，然后写出圆的标准方程。

师生共同分析：如图5-1所示，确定一个图只需确定圆心位置与半径大小。圆心为 C 的圆经过点 A（1，1）和 B（2，-2），由于圆心 C 与 A，B 两点的距离相等，所以圆心 C 在线段 AB 的垂直平分线 m 上。又圆心 C 在直线 l 上，因此，圆心 C 是直线 l 与直线 m 的交点，半径长等于 $|CA|$ 或 $|CB|$。（教师板书解题过程）

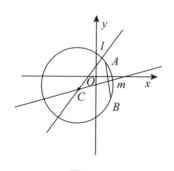

图 5-1

解析：因为 A（1，1），B（2，-2），所以线段 AB 的中点 D 的坐标为 $\left(\dfrac{3}{2}, -\dfrac{1}{2}\right)$，直线 AB 的斜率：$K_{AB}=\dfrac{-2-1}{2+1}=-1$。

因为线段 AB 的垂直平分线 l' 的方程是 $y+\dfrac{1}{2}=\dfrac{1}{3}\left(x-\dfrac{3}{2}\right)$，即 $x-3y-3=0$。

圆心 C 的坐标是方程组 $\begin{cases} x-3y-3=0 \\ x-y+1=0 \end{cases}$ 的解。

解此方程组，得 $\begin{cases} x=-3, \\ y=-2。 \end{cases}$

所以圆心 C 的坐标是（-3，-2）。

圆心为 C 的圆的半径：$r = |AC| = \sqrt{(1+3)^2 + (1+2)^2} = 5$。

所以，圆心为 C 的圆的标准方程是 $(x+3)^2 + (y+2)^2 = 25$。

（四）课堂练习

例 4 写出下列各圆的标准方程：

（1）圆心在原点，半径是 3；

（2）圆心在点 C（3，4）上，半径是 $\sqrt{5}$；

（3）经过点 P（5，1），圆心在点 C（8，-3）上；

（4）圆心在点 C（1，3）上，并且和直线 $3x - 4y - 7 = 0$ 相切。

点评：要求能够用圆心坐标、半径长熟练地写出圆的标准方程。

（五）课堂小结

（1）圆的标准方程。

（2）点与圆的位置关系的判断方法。

（3）根据已知条件求圆的标准方程的方法。

（六）作业布置

（略）

【案例研究的反思】

圆是学生比较熟悉的曲线，求圆的标准方程是这节课的重点，也是难点。这节课就是由浅入深地让学生学习圆的标准方程，通过构成圆的要素的探究，借助圆的定义和两点间的距离公式，让学生推导出圆的标准方程，学生通过自主的探究和思考，对圆的标准方程的认识就会更加深入。这节课学生参与学习的主动性比较强，在教师的设问、引导下主动地去解决问题、思考问题和回答问题，学生从中也体会到了几何角度和代数角度的一个思维方向的不同。这节课比较高效地完成了教学任务。

案例三 "微积分基本定理"教学设计

【教材分析】

本节课选自 2017 版教材人教 A 版选修 2 - 2 第一章第六节第一课时，在学习本节课之前，学生已经学习过变化率、导数、定积分等的相关知识，这些知识都为本节课奠定了基础，同时本节课的知识内容也是为了进入高等教育做准备，所以本节课的知识有着重要的地位和作用。

【学情分析】

微积分是从大学拿下来的课程，涉及极限的思想，对于高中学生来讲是一个难点。由于前面导数概念的学习，使得学生对极限的概念有一定的认识，所以对于这一节课的学习，学生不会存在太大的困难。

【教学目标】

（1）能说出微积分的基本定理。
（2）能运用微积分基本定理计算简单的定积分。
（3）能掌握微积分基本定理的应用。
（4）会用牛顿－莱布尼茨公式求简单的定积分。

【重点难点】

教学重点：通过探究变速直线运动物体的速度与位移的关系，使学生直观地了解微积分基本定理的含义，并能正确运用基本定理计算简单的定积分。

教学难点：微积分基本定理的含义。

【教学过程设计】

（一）复习引入

问题一 结合前面的内容怎么理解"微积分"这个词？（学生交头接耳，思维概念）

生：是一种运算，具有几何意义。

师：很好，微积分是数学的分支学科。运用极限方法研究函数（即变量间相互依存关系）。包括微分法和积分法，即微分和积分。微分是从整体研究局部，积分是从局部研究整体。如物体做直线运动时，由运动规律求某一瞬间的运动速度，就是微分问题。反过来，由每一瞬间的运动速度求物体运动的全部路程，就是积分问题。微分和积分是互逆的两种运算。

设计意图：引导学生在数学概念的学习当中，要深入地理解概念的内涵。把握概念与概念之间区分的界限，这样学生在应用的时候就能够非常精准地把握这个概念。

师：了解了"微积分"的整体概念，请同学们回答以下几个问题：

（1）我们如何确定曲线上一点处切线的斜率呢？

（2）如何求曲线下方的面积？

（3）用"以直代曲"解决问题的思想和具体操作过程是什么呢？

求由连续曲线 $y = f(x)$ 对应的曲边梯形面积的方法。

（学生分小组思考讨论，派代表回答）

生：利用导数可以求曲线上一点的切线斜率。用极限的思想，把曲线下方的面积进行细等分，也就是"以直代曲"的思想。

师：很好，"以直代曲"的思想是极限思想，当我们把曲线下方的面积分成足够小的条形矩形时，可以把曲边看成直线。这样就可以利用小矩形的面积总和来体现曲边梯形的面积。

设计意图：问题的设置，目的是使学生在课堂上思考起来，小组讨论可以使每个人的思维角度进行统摄，再由代表去表达，学生从中可以提升自己的概括能力和表达能力，慢慢地提升数学用语的规范性，很好地提升了学生的数学素养。

我们讲过用定积分定义计算定积分，但其计算过程比较复杂，所以不是求定积分的一般方法。我们必须寻求计算定积分的新方法，也是比较一般的方法。

（二）分析归纳

师：根据问题的回顾，接下来我们用实例结合图形来认识微积分的基本定理。

变速直线运动中位置函数与速度函数之间的联系：

设一物体沿直线做变速运动，在时刻 t 时物体所在位置为 $S(t)$，速度为 $v(t)$（$v(t) \geq 0$），则物体在时间间隔 $[T_1, T_2]$ 内经过的路程可用速度函数表示为 $\int_{T_1}^{T_2} v(t)\,\mathrm{d}t$。

这段路程还可以通过位置函数 $S(t)$ 在 $[T_1, T_2]$ 上的增量 $S(T_1) - S(T_2)$ 来表达，即 $\int_{T_1}^{T_2} v(t)\,\mathrm{d}t = S(T_1) - S(T_2)$。

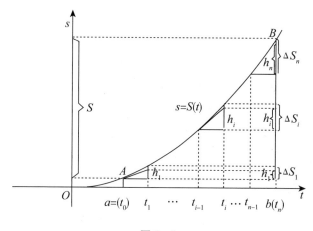

图 5-2

而 $S'(t) = v(t)$。

对于一般函数 $f(x)$，设 $F'(x) = f(x)$，是否也有 $\int_a^b f(x)\,\mathrm{d}x = F(b) - F(a)$。

师：通过图示讲解，让学生理解导函数与原函数的关系。

设计意图：通过前面内容的学习，再结合物理中常见的路程与速度的函数关系，学生能认识到积分的思想。

若上式成立，我们就找到了用 $f(x)$ 的原函数（即满足 $F'(x) = f(x)$）的数值差 $F(b) - F(a)$ 来计算 $f(x)$ 在 $[a, b]$ 上的定积分的方法。

注：

定理　如果函数 $F(x)$ 是 $[a, b]$ 上的连续函数 $f(x)$ 的任意一个原函数，则 $\int_a^b f(x)\mathrm{d}x = F(b) - F(a)$。

证明：因为 $\Phi(x) = \int_a^x f(t)\mathrm{d}t$ 与 $F(x)$ 都是 $f(x)$ 的原函数，故

$$F(x) - \Phi(x) = C(a \leqslant x \leqslant b)$$

其中，C 为某一常数。

令 $x = a$，得 $F(a) - \Phi(a) = C$，且 $\Phi(a) = \int_a^a f(t)\mathrm{d}t = 0$，

即有 $C = F(a)$，故 $F(x) = \Phi(x) + F(a)$，

$\therefore \ \Phi(x) = F(x) - F(a) = \int_a^x f(t)\mathrm{d}t$。

令 $x = b$，有 $\int_a^b f(x)\mathrm{d}x = F(b) - F(a)$。

此处并不要求学生理解证明的过程。

为了方便起见，还常用 $F(x)\,|_a^b$ 表示 $F(b) - F(a)$，即

$$\int_a^b f(x)\mathrm{d}x = F(x)\,|_a^b = F(b) - F(a)。$$

师：在了解了它的正确性以后，我们看看这个定理的作用。

师：该式称为微积分基本公式或牛顿－莱布尼茨公式（讲到这里可以介绍一下这两位数学家的成就），它指出了求连续函数定积分的一般方法，把求定积分的问题转化成求原函数的问题，是微分学与积分学之间联系的桥梁。它不仅揭示了导数和定积分之间的内在联系，同时也提供计算定积分的一种有效方法，为后面的学习奠定了基础。因此，它在教材中处于极其重要的地位，起到了承上启下的作用，不仅如此，它甚至对微积分学的发展带来了深远的影响，是微积分学中最重要、最辉煌的成果。

设计意图：在这里提到了牛顿、莱布尼茨两位数学家，通过对这两位数学家的成就的介绍，可以让学生感受到每个数学原理的出现，都离不开一批数学家艰苦钻研奉献的精神，也使学生在这里产生对数学精神的向往，从而提高学

生的数学文化的素养。

（三）知识应用

师：接下来就是定理的熟练应用。

例1 计算下列定积分：

（1）$\int_1^2 \dfrac{1}{x}\mathrm{d}x$；（2）$\int_1^3 \left(2x - \dfrac{1}{x^2}\right)\mathrm{d}x$。

解析：（1）因为 $(\ln x)' = \dfrac{1}{x}$，所以 $\int_1^2 \dfrac{1}{x}\mathrm{d}x = \ln x \,|_1^2 = \ln 2 - \ln 1 = \ln 2$。

（2）因为 $(x^2)' = 2x$，$\left(\dfrac{1}{x^2}\right)' = -\dfrac{1}{x^2}$，

所以 $\int_1^3 \left(2x - \dfrac{1}{x^2}\right)\mathrm{d}x = \int_1^3 2x\mathrm{d}x - \int_1^3 \dfrac{1}{x^2}\mathrm{d}x = x^2\,|_1^3 + \dfrac{1}{x}\,|_1^3 = (9 - 1) +$

$\left(\dfrac{1}{3} - 1\right) = \dfrac{22}{3}$。

练习：计算 $\int_0^1 x^2 \mathrm{d}x$。

解析：由于 $\dfrac{1}{3}x^3$ 是 x^2 的一个原函数，所以根据牛顿－莱布尼茨公式有

$\int_0^1 x^2 \mathrm{d}x = \dfrac{1}{3}x^3\,|_0^1 = \dfrac{1}{3} \cdot 1^3 - \dfrac{1}{3} \cdot 0^3 = \dfrac{1}{3}$。

例2 计算下列定积分：

$\int_0^\pi \sin x\mathrm{d}x$，$\int_\pi^{2\pi} \sin x\mathrm{d}x$，$\int_0^{2\pi} \sin x\mathrm{d}x$。

师：由计算结果你能发现什么结论？试利用曲边梯形的面积表示所发现的结论。

解析：因为 $(-\cos x)' = \sin x$，

所以

$\int_0^\pi \sin x\mathrm{d}x = (-\cos x)\,|_0^\pi = (-\cos\pi) - (-\cos 0) = 2$，

$\int_\pi^{2\pi} \sin x\mathrm{d}x = (-\cos x)\,|_\pi^{2\pi} = (-\cos 2\pi) - (-\cos\pi) = -2$，

$\int_0^{2\pi} \sin x\mathrm{d}x = (-\cos x)\,|_0^{2\pi} = (-\cos 2\pi) - (-\cos 0) = 0$。

生：可以发现，定积分的值既可能取正值也可能取负值，还可能是 0。

（1）当对应的曲边梯形位于 x 轴上方时（图 5–3），定积分的值取正值，且等于曲边梯形的面积；

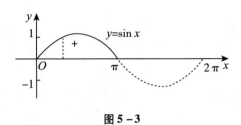

图 5–3

（2）当对应的曲边梯形位于 x 轴下方时［图 5–4（a）］，定积分的值取负值，且等于曲边梯形的面积的相反数；

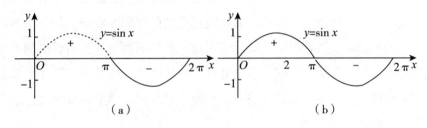

（a）　　　　　　　　　　　（b）

图 5–4

（3）当位于 x 轴上方的曲边梯形面积等于位于 x 轴下方的曲边梯形面积时，定积分的值为 0［图 5–4（b）］，且等于位于 x 轴上方的曲边梯形面积减去位于 x 轴下方的曲边梯形面积。

设计意图：课堂中的题型训练，主要是让学生掌握本节课的重点难点，然后通过练习，引导学生去观察一些公式里面要注意的点，或者说比较特别的一个体现，这样可以很好地训练学生做题总结的能力。

（四）课堂练习

（1）若 $\int_0^1 (2x + k)\mathrm{d}x = 2$ ，则 $k = $ ＿＿＿＿＿＿＿。

（2）$\int_1^4 \dfrac{4x^2 + \sqrt{x} + 1}{x}\mathrm{d}x = $ ＿＿＿＿＿＿＿。

设计意图：提升学生对微积分基本定理认识和应用的熟练度。

（五）课堂小结

定理　如果函数 $F(x)$ 是 $[a,b]$ 上的连续函数 $f(x)$ 的任意一个原函数,则

$$\int_a^b f(x)\,\mathrm{d}x = F(b) - F(a)。$$

（六）作业布置

（略）

【案例研究的反思】

本节课主要学习的内容是微积分的基本定理，一开始教师让学生去认识微积分的概念，有利于帮助学生把定积分运算和微分运算这两种运算理解清楚。本节课利用问题串让学生主动去思考和体会什么是微积分思想。在引出微积分基本定理时，利用物理上学生熟悉的路程与速度的知识去解释，使学生的认识会非常深刻和亲切，然后把这个概念牵引到一般的函数上来。当讲解到定积分以曲边梯形面积去表示的时候，这里通过形象的图示，使学生能够非常直观地感受到定积分与曲边梯形面积的关系。在整个过程中，学生锻炼了独立思考和观察分析的能力。

案例四　"二项式定理、自然常数、求导内在联系"教学设计

　　《普通高中数学课程标准（实验）》："数学是人类文化的重要组成部分，数学素质是公民所必须具备的一种基本素质""数学课程应适当反映数学的历史、应用和发展趋势，数学对推动社会发展具有一定的作用，数学的社会需求，社会发展对数学发展的推动作用，数学科学的思想体系，数学的美学价值，数学家的创新精神。数学课程应帮助学生了解数学在人类文明发展中的作用，逐步形成正确的数学观。为此，《普通高中数学课程标准》提倡体现数学的文化值并在适当的内容中提出对'数学文化'的学习要求，设立'数学史选讲'等专题。"由于当前中小学完全侧重于数学的科学性方面，导致数学给人的感觉是高冷的、不容易接近的，没有吸引力，很多人被挡在数学大门之外，从而很难完全达到上述高中数学的教学目标，本文就数学教学中如何融入数学文化进行一些新的探讨。

一、如何实施数学文化教育

　　在当前高中数学课堂上，主要是依托主干知识点，锻炼学生各方面能力（运算、想象、逻辑），让学生体会各种数学的思想（数形结合、分类讨论、化归、整体），从而达到提高学生学科核心素养的目的，但一直进展不顺利，出现大多数对数学不感兴趣甚至畏惧数学的同学，多年教学实践告诉我们，想让学生学好一门学科，首先得让学生对它产生兴趣，显然过于核心、内隐的东西很难在学生不熟悉它的情况下对它感兴趣，必须要有一个由外到内的过渡，否则一开始就把很多人挡在了门外，从而永久地错过了感受它的内在美。

二、教学课例

下面以二项式定理、自然常数、求导 3 个内容结合相关的文化背景加以感受。

1. 自然常数 e 的由来

从存钱说起，如果有一块钱，假设存银行一年，利息也有一块钱（即年利率为 100%），这时按照一年存取一次，最终可以得到本金和利息 2 块钱，现在如果在年中的时候取一次，再将本金和利息存入银行，在一年之后可以得到本金和利息 $\left(1+\dfrac{1}{2}\right)^2 = \dfrac{9}{4}$（元），依此类推，要求学生计算一年存取 3 次和 4 次最终的本金和利息。

经过上述过程，学生很可能会想，那么只要勤快一点，每时每刻不停地取钱存钱，那是不是就可以积累无限多的财富呢？从现实情况来看，显然是不可能的，上面的过程是由 16 世纪瑞士数学家雅各布·伯努利发现的有趣现象，他最终也没有算出来，只知道是一个 2 到 3 之间的数，具体的计算结果是由 50 年后的欧拉得出的，得到数字接近 2.718…

用字母 e 代表这个数（欧拉的首字母），由利滚利产生（利息还可以产生利息）。

$$e = \lim_{n \to \infty}\left(1 + \frac{1}{n}\right)^n$$

与 π 的精确性不同，e 只要我们想要精确一点的数，我们可以不断地计算下去，在自然界中广泛存在，我们可以把它称为自然常数，最具代表性的是等角螺线，通过 e 可构造对应方程。

设计思路：一个新的数学符号，而且又是如此重要的一个符号，很多高中毕业的同学都不知道，它是从哪里来，又用在哪些地方。

2. 二项式定理（"杨辉三角"）

$$\left(1 + \frac{1}{n}\right)^n = C_n^0 1^n \left(\frac{1}{n}\right)^0 + C_n^1 1^{n-1}\left(\frac{1}{n}\right)^1 + \cdots + C_n^n 1^0 \left(\frac{1}{n}\right)^n$$

"杨辉三角"是二项式系数在三角形中的一种几何排列，在中国南宋数学家杨辉 1261 年所著的《详解九章算法》一书中出现。在西方，帕斯卡在 1654

年发现这一规律，比杨辉要迟 393 年。实际上，不仅如此，中国古代数学家在数学的许多重要领域中都处于遥遥领先的地位。但是后来由于政治、本身传统文化（实用主义、工具主义）等各种原因，没有在领先的基础上进一步突破。

3. 平均变化率、瞬时变化率（导数）、二次函数的导数

小明从家里去学校，路程与时间的函数可以表示为 $s = t^2$，求小明 $1 \sim 2s$、$2 \sim 3s$、$3 \sim 4s$ 的平均速度。

设计思路：让学生感受速度的变化，越来越快。

现实世界中的平均速度在数学上抽象出来可以用平均变化率表示（设计思路：让学生感受数学是研究量的科学，很多事物在数学上都会抽象出本质特性，得出根本上的一些性质，把研究的结果广泛地作用于现实世界，在学习数学的过程中学生会慢慢地感受、体会）。

求 $y = x^2$ 在区间 $[1, 2]$、$[2, 3]$、$[3, 4]$ 上的平均变化率。

$$\frac{\Delta y}{\Delta x} = \frac{2^2 - 1^2}{2 - 1} = 3$$

$$\frac{\Delta y}{\Delta x} = \frac{3^2 - 2^2}{3 - 2} = 5$$

$$\frac{\Delta y}{\Delta x} = \frac{4^2 - 3^2}{4 - 3} = 7$$

设计思路：让学生比较现实问题与数学问题，感悟数学在现实世界的抽象特性。

求 $y = x^2$ 在区间 $[1, 1.1]$、$[1, 1.01]$、$[1, 1.001]$ 上的平均变化率。

$$\frac{\Delta y}{\Delta x} = \frac{1.1^2 - 1^2}{1.1 - 1} = 2.1$$

$$\frac{\Delta y}{\Delta x} = \frac{1.01^2 - 1^2}{1.01 - 1} = 2.01$$

$$\frac{\Delta y}{\Delta x} = \frac{1.001^2 - 1^2}{1.001 - 1} = 2.001$$

设计思路：范围大的变化率不够细致，我们想要知道在每时每刻的变化率，现实世界中即每时每刻的速度。

学生通过计算发现速度由 $\frac{1.1^2 - 1^2}{1.1 - 1} = 2.1$，$\frac{1.01^2 - 1^2}{1.01 - 1} = 2.01$，$\frac{1.001^2 - 1^2}{1.001 - 1} =$

2.001 不断地变小，有没有可能无限地小下去变成负数，现实情况显然不可能，进一步往下看。

设计思路：通过现实的具体问题，学生会始终感受到数学来源于生活。

为了方便，我们假设求 $y = x^2$ 在区间 $[x_0, x_0 + \Delta x]$ 上的平均变化率，学生计算得到 $\dfrac{(x_0 + \Delta x)^2}{\Delta x} = 2x_0 + \Delta x$。

设计思路：让学生体验由特殊到一般的数学思想。

接下来，原先的问题就变成，当我们取的区间越来越小，即 Δx 无限趋近于 0 时，我们的平均变化率是趋近于 $2x_0$ 的，从而回答了上面的问题。

设计思路：让学生体验数学方式处理问题，也让学生体验趋近于 0 的极限思想。

最后 $y = x^2$ 在 x_0 处的瞬时变化率（导数），我们就认为是区间 $[x_0, x_0 + \Delta x]$ 平均变化率取极限 $\Delta x \to 0$ 的结果。

设计思路：让学生体会原始概念的来源，数学中的每一个概念都是经过数学家的精雕细琢而来的。

我们为了方便，顺其自然地认为 $y = x^2$ 的导数为 $y = \lim\limits_{n \to \infty} \dfrac{\Delta y}{\Delta x} = 2x$，当作公式，不用每次推导。

设计思路：让学生体会公式的来源，体会数学家们的工作。

4. 三次函数的导数

求 $y = x^2$ 的导数。

平均变化率：$\dfrac{\Delta y}{\Delta x} = \dfrac{(x + \Delta x)^3 - x^3}{\Delta x} = \dfrac{C_n^0 x^3 \Delta x + C_n^1 x^2 \Delta x^1 + C_n^2 x^1 \Delta x^2 + C_n^3 x \Delta x^3 - x^3}{\Delta x}$

$= C_n^1 x^2 + C_n^2 x^1 \Delta x^1 + C_n^3 x \Delta x^2$，

取极限后，$y' = C_n^1 x^2$。

设计思路：让学生学以致用，体会二项式定理与导数的结合，并通过使用二项式定理推广到 $y = e^n$ 的导数。

5. 指数函数的导数

求 $y = e^x$ 的导数。

平均变化率：$\dfrac{\Delta y}{\Delta x} = \dfrac{e^{x+\Delta x} - e^x}{\Delta x} = \dfrac{e^x(e^{\Delta x} - 1)}{\Delta x}$。

由于 $e = (1 + \Delta x)^{\frac{1}{\Delta x}}$（当 $\Delta x \to 0$），所以上式取极限后 $y' = e^x$。

设计思路：通过对 e 的变形，让学生进一步理解 e 的本质。

三、总结

数学家柯朗在《数学是什么》序言中指出："数学的教学，逐渐流于无意义的单纯地演算习题的训练，固然，这可以发展形式演算的能力，但却无助于对数学的真正理解，无助于提高独立思考的能力。数学的研究，有过度专门化和过度抽象化的倾向，忽视了应用以及与其他领域之间的联系。这种状况……必然激起强烈的反感。"虽然当前数学教学中存在着这样或那样的问题，但是事物发展规律总是在否定之否定中不断前行，我们不怕出现问题，相信只要针对目前教学上的弊病慢慢地完善，朝着我们既定的方向努力，最终一定会取得不错的结果。

最后，落实数学文化教学任重道远，如果真正把数学文化的魅力渗透到平时的数学教学中，数学就更加平易近人、有魅力，也会促使大家从另一个角度（文化层面）更加地了解数学、热爱数学。

案例五 "对数及对数意义"教学设计

教材：数学必修1

课题：对数及对数意义（对数第一课时）

【教学目标】

（1）理解对数的概念，了解自然对数和常用对数的概念；

（2）对数式与指数式的互化，理解二者的关系；

（3）能求一些对数的值；

（4）领悟对数的应用及意义。

【教学设计】

对数的文化意义

恩格斯说：对数的发明与解析几何的创立、微积分的建立是17世纪数学史上的三大成就。

伽利略说：给我空间、时间及对数，我可以创造一个宇宙。

布里格斯（常用对数表的发明者）说：对数的发明，延长了天文学家的寿命。

假如我们要计算两个比较大的数的积，只有硬算吗？我们先看看如下方法：

阿基米德（Archimedes，公元前287—公元前212年）研究过几个10的连乘积和10的个数之间的关系，从现代的表达形式来看，就是研究这样两个数列：

1	10	10^2	10^3	10^4	10^5	10^6	10^7	...
0	1	2	3	4	5	6	7	...

可以发现第一行两个数的乘积得到的数，和下一行对应的两个数相加得到的数位置是一致的。

计算：$10^2 \times 10^5$（当然可以直接计算，这里我们给出另一种方法）

我们可以看到两个数对应的数分别是 2 和 5，可以将它们加起来就是 7，再看 7 对应的数字 10^7。

15 世纪，法国数学家许凯（N. Chuquet，1445—1488）在两个数列中也发现了类似的对应规律。他在其著作《算学三部》中给出了双数列：

1	2	4	8	16	32	64	128	256	512	...
0	1	2	3	4	5	6	7	8	9	...

计算：16×32

采取上面的方法，16 和 32 对应的数是 4 和 5，可以将它们加起来就是 9，再看 9 对应的数为 512，可以知道 $16 \times 32 = 512$。

常用对数表：

log	0	1	2	3	4	5	6	7	8	9
10	0	43	86	128	170	212	253	294	334	374
11	414	453	492	531	569	607	645	682	719	755
12	792	828	864	899	934	969	1004	1038	1072	1106
13	1139	1173	1206	1239	1271	1303	1335	1367	1399	1430
14	1461	1492	1523	1553	1584	1614	1644	1673	1703	1732
15	1761	1790	1818	1847	1875	1903	1931	1959	1987	2014
16	2041	2068	2095	2122	2148	2175	2201	2227	2253	2279
17	2304	2330	2355	2380	2405	2430	2455	2480	2504	2529
18	2553	2577	2601	2625	2648	2672	2695	2718	2742	2765
19	2788	2810	2833	2856	2878	2900	2923	2945	2967	2889
20	3010	3032	3054	3075	3096	3118	3139	3160	3181	3201

教学环节	问题或任务	师生活动	设计意图
情境引入	对数的产生源于天文学的发展。 引例 1：一光年到底有多远? 已知光在真空中的速度，一年的总秒数（假设一年 365 天），因此，两数的乘积即为所求。 "光年"是天文学中的距离单位。在 16 至 17 世纪，天文学开始迅速发展，天文学家为了计算一个行星的位置，时常需要耗费几个月甚至几年的时间，问题主要集中在复杂的数据运算上。因此，改进运算方法成了天文学家们的当务之急。 引例 2：网上的一则消息：有驴友挖到几枚恐龙蛋，送到权威机构做了碳 14 同位素鉴定，结果是白垩纪的恐龙蛋化石，现坐等博物馆上门收购。 生物死亡后，它机体内原有的碳 14 含量，每经过大约 6000 年，会衰减为原来的一半，这个时间称为"半衰期"，研究人员常常根据机体内碳 14 的含量来推断生物体的年代，其中半衰次数 x 与碳 14 的含量 P 之间的关系为 $P=\left(\dfrac{1}{2}\right)^{x}$。 但是，当生物组织内碳 14 含量低于千分之一时，一般的放射性探测器就测不到碳 14 了。	教师：展示情景。 学生：学生思考。 教师：提出问题 1 学生：学生思考。 师生：根据题设条件，共同完成问题 1、问题 2。	对数概念不是凭空产生的，用考古鉴定这一实例，让学生感受"求指数"这样的问题是客观存在的，是源于实际生活的。

教学环节	问题或任务	师生活动	设计意图
情境引入	众所周知，恐龙生活在距今大约一亿年前的地球上，那么用碳 14 同位素法能推断出恐龙蛋化石的年代吗？ 问题 1：（1）经过 1 次半衰期，碳 14 的含量会变为原来的多少？3 次呢？（2）经过几次半衰期，一般的放射性探测器就测不到碳 14 了呢？（3）用碳 14 同位素法能推断出恐龙蛋化石的年代吗？ 问题 2：能用碳 14 测出的年代是多久以前？		
问题探源	以上问题的数学本质指向方程 $a^x = N(a > 0, a \neq 1)$ 中已知两个量求第三个量的问题。 问题 3：你能把以上问题从已知、未知的角度进行归类分析吗？这两个问题之间有什么联系？	教师：在总结问题 1 和问题 2 的基础上提出问题 3。 学生：思考问题 3。 师生：通过师生、生生对话解决问题 3。	引导学生从较高的角度分析问题，运用量纲思想给问题分类，发现新旧知识的联系。
	问题 4：解下列方程： （1）$2^x = 2$； （2）$2^x = 3$； （3）$2^x = 4$。	教师：提出问题 4，引导学生运用指数函数知识解决。 学生：思考问题 4，同时感受在求指数的过程中，有的指数可以直接写出结果，有的指数却不好表示。	为引入对数符号表示指数作铺垫。

教学环节	问题或任务	师生活动	设计意图
存在性探讨	问题5：以引例中的 $2^x = 3$ 为例，分析 x 的值存在吗？如果存在，符合条件的 x 值有几个？能估计出 x 的大致范围吗？	师生活动：（1）通过画图发现这里的 x 存在且唯一；（2）既然 x 存在且唯一，如何表示这个数呢？（3）引入对数符号。	引导学生借助已学指数函数的相关知识对新问题的可求解性进行探讨分析，适时进行数学直观素养的渗透。
探究性质	问题6：如何研究对数的性质与运算性质呢？	师生活动：通过指数式与对数式的等价关系，可以将指数中的相关性质与运算性质转化为对数的性质与运算性质。指数中的性质：$a^0 = 1$，$a^1 = a$，幂为正，指数可取一切实数，希望学生得出对数中对应的性质：$\log_a a = 1$，$\log_a 1 = 0$，真数为正，对数可取一切实数。$\log_a(MN) = \log_a M + \log_a N$，$\log_a \dfrac{M}{N} = \log_a M - \log_a N$，$\log_a M^n = n\log_a M$（$a > 0$ 且 $a \neq 1, M > 0, N > 0$）	明确方法，为对数的性质与运算性质的探究提供思路，提高探究效率。熟悉对数定义中将指数式化为对数式的转化思路，深化对数的概念理解，同时为对数运算性质的探究作铺垫。

教学环节	问题或任务	师生活动	设计意图
例题研讨	例1：计算： （1）$\log_3 1 =$ （2）$\lg 1 =$ （3）$\log_{0.5} 0.5 =$ （4）$\ln e =$	教师：布置课堂例1。 学生：完成课堂例1。	计算两组具体对数的值，让学生自然发现对数的两个性质，得出"1的对数为0，底数的对数为1"的结论。
学以致用	例2：求下列各式中的 x 值： （1）$\log_{64} x = -\dfrac{2}{3}$ （2）$\lg 1000 = x$ （3）$\log_x 8 = 6$ （4）$-\ln e = x$	教师：布置课堂例2。 学生：完成课堂例2。	抓住指数式和对数式可以相互转化这一本质，加深对对数概念的理解。
小结	1. 什么是对数？研究对数的基本方法是什么？ 2. 指数式和对数式的区别和联系是什么？ 3. 认识新知的过程总结。	梳理本节课对于对数的认知。	使学生能在对数新概念的学习中，再次体验研究新问题、新事物的一般方法，帮助学生梳理新知识的学习顺序，为以后的概念学习提供方法支持。

案例六 "等差数列" 教学设计

一、教学设计

在进行教学设计前教师掌握学生真实的思维水平是十分关键的，通过学生认知发展阶段明确所选用的教学材料及设计的教学活动。首先，教师应识别学生能应用在教学情境当中的现有内容；其次，安排活动推动所要进行的认知过程发展。以了解学情为基础，选择合适的数学文化应用在教学设计中，助力学生新知识的构建。不管教师考虑学生的最近发展区还是发展阶段，均可以在其认知水平形成的经验中获益。在对具体任务设计应考虑一定的挑战性，如果一些学生未能清楚新知识背景极易出现恐慌，而基础扎实的、有一定学习背景的学生则会进行主动探索。无论是班级的哪一类学生，应在其他近发展区范围内操作。

案例：等差数列前 n 项和

第一，呈现问题。在印度古都阿格蠹立着一座世界名胜古迹——泰姬陵（如图 5-5 所示），据说是古印度国王为了纪念自己的爱妃所修建，建筑整体主要由纯白色的大理石修筑而成，具有浓烈的神秘色彩。在陵寝精美绝伦的图案中镶嵌着无数珍贵宝石。当中就有个一百层由圆形宝石装饰的三角形图案，无比珍贵。在三角形的最顶层均有一颗宝石，逐层递增，在最底层共有一百颗宝石，那么同学们能在最短的时间内计算出三角形图案中一共有多少颗宝石吗？

图 5 – 5

问题表述算式如下：$1 + 2 + 3 + 4 + \cdots + 97 + 98 + 99 + 100 =$

在 200 多年前数学家高斯就为我们给出了他的计算方法，即高斯算法。将 $1 + 2 + 3 + 4 + \cdots + 97 + 98 + 99 + 100$ 与 $100 + 99 + 98 + 97 + \cdots + 4 + 3 + 2 + 1$ 相应的数位相加，这样便得到 100 个 101，而 $1 + 2 + 3 + 4 + \cdots + 97 + 98 + 99 + 100$ 中有 50 个 101，所以 $1 + 2 + 3 + 4 + \cdots + 97 + 98 + 99 + 100 = 101 \times 50 = 5050$。

第二，发现探索。同学们有没有发现高斯算法就解决了 $1，2，3，\cdots，n$ 的前 100 项的和，在引导语后给出学生探究问题。

问题：在图 5 – 6 中最高层只有一颗宝石，而最底层共有 21 颗宝石，整个图形一共有 21 层，试求一共有多少颗宝石？通过分析不难看出其是一个求奇数个项和的问题，要是采取高斯的思路，在首尾配对后会留下中间项，所以模仿偶数个项求和方式是不正确的，之后以小组合作的方式对"不论奇偶项求和"进行讨论。

图 5 – 6

第三，发现内容。首先，有的小组想到了三角形面积公式的推导绘制了图 5 – 7，将全等的两个三角形拼成一个平行四边形，利用平行四边形面积是三角形面积 2 倍的关系，获得如下算法：

$$S_{21} = \frac{(1+21) \times 21}{2}$$

问题思路如图 5 − 7 所示。

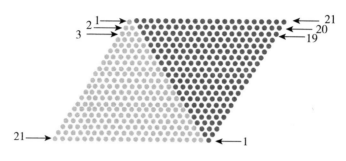

图 5 − 7

其次，要是依旧沿用高斯算法则需要对项数的奇偶性进行讨论，依据上述发现，可在此基础上对高斯算法进行改进，高斯算法改进示意图如图 5 − 8 所示。

$$
\begin{array}{ccccccccc}
S_n = & \boxed{1} & + & \boxed{2} & + & \cdots & + & \boxed{n-1} & + & \boxed{n} \\
S_n = & \boxed{n} & + & \boxed{n-1} & + & \cdots & + & \boxed{2} & + & \boxed{1} \\
\hline
2S_n = & (n+1) & + & (n+1) & + & \cdots & + & (n+1) & + & (n+1)
\end{array}
$$

图 5 − 8

这样便能得出，$2S_n = (n+1) \times n$，$S_n = \dfrac{n(n+1)}{2}$。因为学生已经掌握了等差数列的通项公式以及性质，在等差数列中，如果 $m+n=p+q$（m，n，p，$q \in \mathbf{N}^+$），则 $a_n + a_m = a_p + a_q$，在此基础上便可以得出 $a_1 + a_n = a_2 + a_{n-1} = a_3 + a_{n-2} = \cdots$ 所以等差数列的前 n 项和的求和公式为 $S_n = \dfrac{n(a_1 + a_n)}{2}$ 或是 $S_n = na_1 + \dfrac{n(n-1)}{2}d$。

二、应用数学史学，渗透数学文化内涵

数学学科发展历史的学习，对相关概念理论的探索过程进行理顺，在对成

果认可的基础上激发学生心中的荣誉感。虽然数学求解、证明的过程相对烦琐与枯燥，可在具体课堂教学中穿插有关的历史趣闻等，则能充分调动学生的数学学习兴趣。在对数学发展历史总结中产生新的概念与理论，探索新的思路与方法，从某种角度来讲，是由于刚刚产生的客观问题，人们采取现有的理论概念与思路方法难以解释新问题，在出现新的数学理论的必要性形成后，才顺势形成了新理论。这样的应用模式有助于学生更好地理解数学公式与理论。教材是学生进行数学知识学习与获取的关键途径。因此，数学教师需要根据素质教育有关要求，对数学教材认真研究并寻找在教学资源中隐含的数学文化，让高中数学教学更具吸引力，激发学习兴趣。数学教师可在上课时为学生介绍数学家们的事迹，通过他们的故事帮助学生树立起学习数学的自信心，对敢于创新、刻苦钻研的精神进行培养，从而促进学生数学学习的良性发展。

三、应用在课外拓展学习

高中阶段的数学学习，绝大多数学生将精力尽可能地放在学习书本知识上。可是面对新课改的要求，学生则需要将学习范围进一步扩大，目标需要延伸到课本之外的知识点。基于社会高速发展与科技的进步，出现大量的课外书籍和刊物。可以借助相应的书籍来拓展自身的数学知识面，还能在网络中查询在书本中无法获得的数学文化资料。学生应为自己制订科学有效的课外学习计划，以此对自主学习能力进行锻炼。例如，以选修课的模式，向学生介绍在数学文化发展进程中典型的历史事件，或是向学生推荐关于数学文化的期刊书籍，鼓励学生利用好课余时间认真阅读。通过课上与课下相结合的学习形式，学生不仅不会觉得数学学习枯燥，而且可以调动学生的学习兴趣。

四、数学实验

我们应清楚的是数学实验与化学和物理实验不同，数学实验的开展需要借助相应的多媒体技术或者教具。在进行数学课堂教学中，教师需依据教学内容对数学实验灵活设计。如果条件允许应鼓励学生独立进行实验，也可以师生一同进行。由此，一方面锻炼了学生的实际操作能力，另一方面既能发展数学也能进行实验，提升学生参与积极性。

案例七 "椭圆的概念"教学设计

教材：人教 A 版－选修 2－1

课题：椭圆的定义及其标准方程

【教学内容】

第二章 圆锥曲线与方程 2.1 椭圆及其方程

【教学目标】

1. 知识与技能

掌握椭圆的定义；理解椭圆标准方程的推导过程，掌握椭圆标准方程的两种形式，会运用待定系数法求椭圆的标准方程。

2. 过程与方法

经历从具体情境中抽象出椭圆模型的过程，逐步提高学生的观察、分析、归纳、类比、概括能力；通过椭圆标准方程的推导，进一步掌握求曲线方程的一般方法——坐标法，并渗透数形结合、等价转化的数学思想方法。

3. 情感、态度与价值观

通过课堂活动参与，激发学生学习数学的兴趣，提高学生审美情趣，培养学生勇于探索的精神。

【重点难点】

重点：椭圆的定义和椭圆标准方程的两种形式。

难点：椭圆的标准方程的建立和推导教学方法。

【教学过程与设计】

教学环节	问题或任务	师生活动	设计意图
情境引入 认识椭圆	问题1：运动场跑道是不是椭圆形的？鸡蛋是不是椭圆形的？ 问题2：椭圆的定义是什么？	教师1：上至天文，地球的运行轨道是椭圆形的，探月卫星在飞向月球之前经历了多次椭圆轨道的飞行。下至百姓家庭，茶几的桌面可能是椭圆形的，菜碟也可能是椭圆形的。提出问题1、问题2。 学生：思考问题1和问题2。 教师：历史上，人们最初对椭圆的认识，是从圆柱和圆锥开始的。用一个平面斜截一个圆柱或圆锥，所得平面的边缘称为椭圆。从这个认识来看，跑道是椭圆形的吗？鸡蛋是椭圆形的吗？ 学生：都不是。 教师：一个茶杯装了一定体积的水，稍微倾斜所得水平面的边缘是椭圆形的吗？为什么？ 学生：是椭圆形的。 教师：根据椭圆的这个认识，能判断地球运行的轨道是椭圆形吗？ 学生：不好判断。 教师：人们发现，椭圆不仅存在于圆柱、圆锥面上，更是自然界物体运动的普遍形式，所以可以从运动的角度重新定义椭圆。	创设情境将对椭圆的感性认识上升为理性认识，从直观几何转化为解析几何。一方面，通过复习前面学过的有关知识，唤起学生的记忆，为本节课学习作好铺垫；另一方面，借助多媒体生动、直观的演示，使学生明确学习椭圆的重要性和必要性。

教学环节	问题或任务	师生活动	设计意图
定义椭圆	实验探究：取一条定长的细绳，若把细绳两端拉开一段距离，分别固定在图板的两点处，套上铅笔，拉紧绳子，移动笔尖，观察画出的轨迹是什么曲线。	教师：给出椭圆定义：平面内与两定点 F_1，F_2 的距离和等于常数的点的轨迹叫作椭圆。下面，我们利用实验将椭圆定义具体化，提出实验探究活动。 学生：完成实验探究并展示成果——所画图像为椭圆。 教师：成果分析，提出问题3。	让学生通过探究活动，更好地理解椭圆的定义，体会画椭圆的方法及定义中的关键要素。以活动为载体，通过画椭圆，经历知识的形成过程，积累感性经验。
实验探究	问题3：结合所画图像，观察椭圆两定点的距离与椭圆的圆扁程度有什么关系？并思考，若把绳子的两端拉直，则所画图像会是什么？	学生：学生思考问题3并回答，两定点的距离越大，椭圆越扁；把绳子两端拉直，则所画图像是线段。 教师：多媒体动画展示，并分析线段上每一点到两端点的距离之和也是定值，则提出问题4。	
	问题4：应该如何完善刚才对椭圆的定义？	学生：思考问题4并完善定义，常数应大于 $|F_1F_2|$。 教师：强调椭圆定义的关键要素（两定点、距离和、常数大于 $|F_1F_2|$）及介绍椭圆的焦点、焦距。	

教学环节	问题或任务	师生活动	设计意图
合理建系 推导方程	问题5：如何建立坐标系更好？使得方程更简洁。 问题6：圆方程最简洁的形式是什么？此时圆与坐标系的关系是什么？ 问题7：从椭圆的画法中，你能发现椭圆有哪些对称性？ 问题8：如何化简以下式子？ $$\sqrt{(x+c)^2+y^2}+$$ $$\sqrt{(x-c)^2+y^2}=2a$$	教师：我们回忆求曲线方程的步骤有哪些呢？ 学生：建系、设点、列式、化简、证明五个步骤。 教师：提出问题5。 学生：思考问题5。 教师：我们可以类比一下圆方程与坐标系的关系，提出问题6。 学生：思考并回答问题6，圆心在原点时，圆方程最简洁，此时圆关于 x 轴、y 轴、原点对称。 教师：提出问题7。 学生：思考问题7，师生共同进行图像分析并得出结论：椭圆关于两定点 F_1,F_2 所在直线对称，关于线段 F_1F_2 的中垂线对称，且两对称轴的交点是椭圆对称中心。 教师：以两对称轴为坐标轴建立坐标系，设点，列式，并提出问题8。 学生：尝试化简。 教师：师生共同利用两种方法化简为 $\dfrac{x^2}{a^2}+\dfrac{y^2}{a^2-c^2}=1$ 。(1) 提出问题9。	引导学生明确思维的方向，通过复习旧知识，为在椭圆上建立坐标系搭桥铺路，类比圆方程最简形式与坐标系的关系，根据椭圆的对称性选择最佳建系方法推导椭圆的方程，进而更好地理解标准方程之"标准"所在。引导学生在化简时要注意分析式子的结构特征，选择对应的化简方法，提高运算能力。

教学环节	问题或任务	师生活动	设计意图
合理 建系 推导 方程	方法一：移项两边平方法。 方法二：直接两边平方法。 问题9：观察下图，你能找到表示 a，c，$\sqrt{a^2-c^2}$ 的线段吗？ 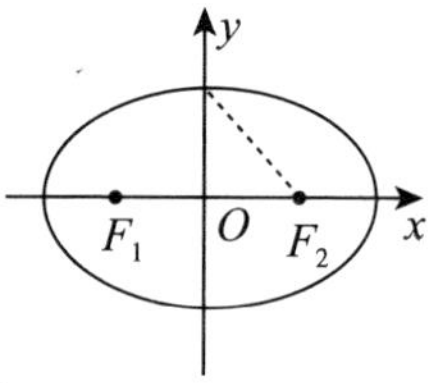 	教师：令 $b=\sqrt{a^2-c^2}$，则（1）式可化为：$\dfrac{x^2}{a^2}+\dfrac{y^2}{b^2}=1$ $(a>b>0)$（2）。 教师：从上述过程中可以看到，椭圆上任一点的坐标都满足方程（2）；以方程（2）的解为坐标的点到椭圆的两个焦点的距离之和为 $2a$，即以方程（2）的解为坐标的点都在椭圆上，则（2）为椭圆的方程。 教师：谈对"标准"的理解：方程 $\dfrac{x^2}{a^2}+\dfrac{y^2}{b^2}=1$ $(a>b>0)$ 形式最简洁，字母 a，b 都有几何意义。 教师：$\dfrac{x^2}{a^2}+\dfrac{y^2}{b^2}=1$ $(a>b>0)$ 的特征有哪些？	
类比 推理 分类 讨论	问题10：如果焦点在 y 轴上，原点为两焦点的中点，那么椭圆方程是什么？ 问题11：观察两种标准方程的式子，如何判断焦点所在轴？	教师：提出问题10。 学生：利用类比的方法，得到方程：$\dfrac{y^2}{a^2}+\dfrac{x^2}{b^2}=1$ $(a>b>0)$。 教师：提出问题11。 学生：哪个分母大，焦点就在哪个坐标轴上。	总结方程特征，明确方程与焦点的对应关系。

教学环节	问题或任务	师生活动	设计意图
例题 研讨 学以 致用	例1：已知椭圆的两个焦点坐标分别为（−2,0），（2,0），并且经过点 $\left(\dfrac{5}{2},-\dfrac{3}{2}\right)$，求它的标准方程。 例2：求下面方程的 a，b，并说出焦点的位置。 （1）$\dfrac{x^2}{5^2}+\dfrac{y^2}{3^2}=1$， 则 $a=$ _____，$b=$ _____ 。 （2）$\dfrac{x^2}{4^2}+\dfrac{y^2}{6^2}=1$， 则 $a=$ _____，$b=$ _____ 。 （3）$\dfrac{x^2}{9}+\dfrac{y^2}{6}=1$， 则 $a=$ _____，$b=$ _____ 。	教师：布置课堂例1和例2。 学生：完成课堂例1和例2。	检验学生对椭圆标准方程的理解与应用。

案例八 "集合的含义"教学设计

教材：人教 A 版 – 必修一

课题：集合的含义（第一课时）

【教学内容】

第一章 集合与函数概念 1.1集合

【教学目标】

1. 知识与技能

（1）了解集合的含义，体会元素与集合的"属于"关系，并能正确表示。

（2）知道常用数集及其专用记号。

（3）了解集合中元素的确定性、互异性、无序性。

2. 过程与方法

（1）观察关于集合的几组实例，并通过自己举出各种集合的例子，初步感受集合语言在描述客观现实和数学对象中的意义。

（2）通过实例，初步体会元素与集合的"属于"关系，正确地理解集合。

（3）通过集合学习，体会类比思想的运用。

3. 情感、态度与价值观

在学习运用集合语言的过程中，增强学生认识事物的能力，初步培养学生实事求是、扎实严谨的科学态度。

【重点难点】

重点：集合的概念，元素与集合的关系。

难点：集合概念的理解。

【教学设计】

教学内容	设计意图	教师活动	学生活动
引入： 介绍集合的历史、发展、代表人物。	点明内容，引出课题，为学生学习本节内容做准备。	提出问题，引导学生分析。	学生交流。
集合的定义： 通过教科书中的 8 个例子，得到集合的描述性定义： 一般地，我们把研究对象统称为元素（element），把一些元素组成的总体叫作集合（set）（简称集）。	培养学生的概括能力。	引导学生回答下列问题：①概括出它们的共同特征。②它们能组成集合吗? 各自元素是什么?	学生阅读教材中 8 个例子，概括出共同特征，发表自己的看法。
集合的元素特点	引导学生明确集合元素的确定性、互异性、无序性，培养抽象能力。	引导学生概括集合中元素的特点，并让学生举例（能构成集合，不能构成集合）。	思考教师提出的问题，发表自己的看法。
元素与集合的关系及表示方法	明确元素与集合的关系。	提出问题：第一小组同学组成集合 A，a 是第一小组，b 是其他小组的，a，b 与 A 分别有什么关系? 如何表示它们的关系?	思考教师提出的问题，发表自己的看法。

教学内容	设计意图	教师活动	学生活动
常用数集的记号	回忆数集的扩充过程，认识常用数集的记号。	引导学生回忆数集的扩充，辨析常用的符号。	认识常用的数集，记住它们的表示方法。
例题	巩固所学知识。	讲解归纳总结。	先思考，再分组讨论。
习题：教科书练习第1题	了解学生掌握集合概念情况，巩固所学知识。	让学生讲述解答情况，正确评价，鼓励学生积极思考。	独立思考，解决问题。
归纳总结	关注学生的自主体验，反思和发表自己的体会，激发学习兴趣。	教师引导学生总结。	学生总结本节所学知识、方法。
作业布置：教材习题1.1A组第1题	巩固所学内容。	教师批阅。	学生独立完成。

案例九 "函数的概念"教学设计

教材：人教 A 版 – 必修一

课题：函数的概念（第一课时）

【教学内容】

第一章 集合与函数概念 1.2 函数及其表示

【教学目标】

1. 知识与技能

了解函数的定义，能用集合与对应的语言来刻画函数，体会对应关系在刻画函数概念中的作用；了解构成函数的要素；掌握区间表示。

2. 过程与方法

通过实例，进一步体会函数是描述变量之间的依赖关系的重要数学模型，在此基础上学习集合与对应语言来刻画函数，体会对应关系在刻画函数概念中的作用。

3. 情感、态度与价值观

通过实例，感知并体会函数在实际生活中的应用。

【重点难点】

重点：理解函数的模型化思想，用集合与对应的语言来刻画函数。

难点：符号"$y = f(x)$"的含义及函数概念的理解。

【教学设计】

教学内容	设计意图	教师活动	学生活动
引入： 介绍函数发展的几个阶段。	点明内容，引出课题，为学生学习函数的概念做准备。	提出问题，引导学生分析。	学生交流。
函数概念： 初步认识回顾初中函数概念，分析教材中三个实例，找出共同点、不同点。	复习学过的概念，再结合课本实例，得到函数的新概念，有利于学生对新概念的同化认识；体会用解析式、图像、表格刻画变量间的对应关系。	提问：初中学过的函数概念是什么？ 提问：学过哪几种函数？ 引导：阅读教材中的三个实例，找出它们的共同点、不同点。	回忆初中学过的概念，回答教师的问题，归纳出实例中的共同点： （1）都有两个非空数集； （2）两个数集有确定对应关系。 不同点：第一个是解析式刻画对应关系；第二个是图像刻画对应关系；第三个是表格刻画对应关系。
函数概念探究 $y = f(x)$ $(x \in A)$ 函数的三要素： 定义域 值域 对应关系	得到函数的概念准确性定义。 由函数描述性的定义上升到集合与对应语言刻画的定义，加深对概念的理解。	给出定义并强调： （1）定义域、值域、对应关系构成一个整体； （2）值域由定义域和对应法则唯一确定； （3）函数 $y = f(x)$ 不是 y 等于 f 与 x 的乘积。	略

教学内容	设计意图	教师活动	学生活动
函数的辨析 例1： （1）$x \rightarrow \dfrac{2}{x}$ （2）$x \rightarrow y，y^2 = x$ （3）$x \rightarrow y，y^2 = x^2$	加深对函数概念的理解。	让学生独立思考。	学生思考后，给出结论。
区间（数集） （1）区间是一个数的集合 （2）函数定义域和值域是数集，所以常用区间来表达 （3）实心与空心表达 （4）∞ 读作"无穷大"，是一个符号，不是数 （5）区间括号内用"，"隔开	让学生理解区间，会用区间表示数集，体会数学语言的意义和作用。	指导学生阅读教材中区间相关内容，表达几种有代表性的区间。	认真阅读教材。
求函数定义域 例2： （1）$f(x) = \sqrt{x-1}$ （2）$g(x) = \dfrac{1}{x+1}$	巩固所学知识，引导学生讨论。	适时引导，最后总结求函数定义域经常考虑的几个方面。	通过自主解答发现存在的困难。
习题： 教科书练习第1题和第2题	了解学生掌握函数的概念情况，巩固所学知识。	让学生讲述解答情况，正确评价，鼓励学生积极思考。	独立思考，解决问题。

教学内容	设计意图	教师活动	学生活动
归纳总结	关注学生的自主体验，反思和发表自己的体会，激发学习兴趣。	教师引导学生总结。	学生总结本节所学知识、方法。
作业布置： 教材习题 1.2A 组第 1 题： 求函数 $y = \dfrac{1}{\sqrt{2-x}-5}$ 的定义域	巩固所学。	教师批阅。	学生独立完成。

案例十 "三角学的发展"教学设计

【教学过程与设计】

教学环节	问题或任务	师生活动
情境 引入	正弦定理和余弦定理是三角学的基本内容。 早期的三角学还没有形成一门独立的学科，而是依附于天文学。印度学者和阿拉伯学者对三角学也有推进和研究，但主要应用在天文学方面。直到中世纪，波斯著名大文学家、数学家、哲学家纳西尔丁（Nasir al – Din, al – Tusi, 1201—1274）在所著的《横截线原理书》中才正式使三角学彻底脱离天文学，成为数学的一个纯粹且独立分支。 在我国，三角学也很早就出现了。公元6世纪，一些印度的天文学和数学书籍随着佛经一起传入中国。在公元718年，中国古代天文学著作《开元占经》中还有一个正弦表；公元前一百多年的《周髀算经》里就对勾股定理及其在测量上的应用进行了介绍，后期数学家赵爽在《勾股圆方图注》又对其进行了证明。公元3世纪，数学家刘徽注评《九章算术》中也有专门研究三角学测量问题的篇章。 直到明清时期也就是公元17世纪30年代西方三角学首次被引入，我国共出版了百余部三角学著作。其中德国传教士邓玉函、汤若望和我国徐光启合编的《大测》是中国第一部三角学著作。	教师 展示 相应 图片。

续 表

教学环节	问题或任务	师生活动
为测量而生的三角学	三角学的原意是"三角形的测量"，也就是说古人研究三角学主要目的就是测量，也就是"三角为测量而生"。 公元前 600 年左右，古希腊学者泰勒斯（Thales，前 624—547）曾通过比较金字塔和一个日晷仪指针的投影来计算金字塔的高度，成为西方三角测量的开始。 公元前 200 年，希腊天文学家希帕霍（Hipparchus，前 190—120）为了天文观测的需要，对球面上的角度和距离进行计算，设计了一个和现在三角函数表相仿的"弦表"。他成为西方三角学的最早奠基者，这项成就也使他赢得了"三角学之父"的称谓。 与此同时，公元前 150 年左右，希腊天文学家托勒密（Ptolemy，约前 100—170）长期居住在亚历山大，并著《数学大全》流传若干世纪，被誉为伟大的文集。书中创造出了关于测量的数学模型。 在我国，测量学历史渊源悠久，几乎可以追溯到四千年前的大禹治水。大禹就曾经应用勾股弦关系测量地形。 大禹之后约一千年，周朝的学者商高发明了"矩"的测量方法，这一发明奠定了我国测量学计算的理论基础。 公元 3 世纪，汉朝学者赵爽继承前人成果，著《日高图》，大胆地利用所创造的方法设想去测量太阳有多高。 魏晋时期伟大数学家刘徽著《海岛算经》，列举九种典型情况的测量问题，设计了不同条件下应该如何使用测量工具的方法，并且应用灵活有趣的数学原理去求出测量结果	教师展示相应图片。
正弦定理	在欧洲，犹太数学家热尔松（Levi ben Ger‑son，1288—1344）在所著《正弦、余弦与弧》中虽陈述了正弦定理："在一切三角形中，一条边与另一条边之比等于其对角的正弦之比"，但没有给出清晰的证明。 直到 15 世纪，德国数学家雷格蒙塔努斯（J. Regiomontanus，1436—1476）在所著《论各种三角形》中证明出来。 1571 年，法国数学家韦达（F. Viete，1540—1603）在其《数学法则》中首次用"外接圆"的方法证明了正弦定理	

教学环节	问题或任务	师生活动
余弦定理	余弦定理是作为勾股定理的推广而诞生的，最早出现于欧几里得（Euclid，前330—275）的《几何原本》第2卷中。 形式为：$a^2 = b^2 + c^2 - 2cm$ 在1593年，法国数学家韦达（F. Viete，1540—1603）基于欧几里得的结论，首次呈现余弦定理的三角形比例式。形式为： $$\frac{1}{\sin(A - 90°)} = \frac{b}{m} = \frac{2bc}{2cm} = \frac{2bc}{a^2 - b^2 - c^2}$$ 直到19世纪，美国数学家哈斯勒（F. R. Hassler）在所著《解析平面与球面三角学基础》中得出我们今天的余弦定理形式。 到20世纪50年代，一些数学家开始采用平面直角坐标的方法，而我们现在用的向量法的出现，则是相当晚的事了。	教师展示相应图片。

第六章

教材中对应素材

<h1 style="text-align:center">第一节　必修一</h1>

一、函数发展历程

（一）函数的产生

函数（function）这一名称出自清朝数学家李善兰的著作《代数学》，书中所写"凡此变数中函彼变数者，则此为彼之函数"。在 16 世纪和 17 世纪的欧洲，漫长的中世纪时代已经结束，新兴资本主义产业的繁荣和工业生产的日益普及促进了科学技术和数学的迅速发展。

在此期间发生的许多重要事件为数学提出了新的话题。哥白尼提出的地球动力学说，它促使人们思考什么是行星运动的轨迹以及原理；牛顿通过坠落的苹果发现的引力自然使人们想起了地球的表面弹丸的轨迹遵循什么原理？函数在这样的背景下，逐渐被数学家所认识和提出。

在函数的概念还不清楚之前，数学家就已经接触过许多函数，并对其进行了分析和研究。例如：

牛顿在 1669 年的《分析书》中给出了正弦函数和余弦函数的无穷级数表示。

纳皮尔在 1619 年提出的对数原理为后代发展对数函数奠定了坚实的基础。

1637 年，法国数学家笛卡尔建立了笛卡尔坐标系，该坐标系使解析几何更具有创造性，并为函数的表示和表达提供了更直观的方法，笛卡尔坐标系可以生动地表达两个变量之间不断变化的关系，但他尚未意识到有必要完善函数的一般概念来说明变量之间的关系。

在 17 世纪，牛顿 - 莱布尼茨（Newton Leibniz）提出了微积分的概念，从而使函数的一般理论变得越来越完善，在 1673 年，莱布尼茨在其演算研究中首先使用"函数"一词来表示"幂"，而牛顿也使用"流量"一词来表示变量之间的关系。

函数就是在这样不同分支的研究中诞生的。

（二）函数概念的提出和初步发展

1718 年，瑞士数学家约翰·伯努利将函数定义为"变量函数是指以任何方式由该变量和常数组成的量"。伯努利称凡变量 x 和常量构成的式子都叫作 x 的函数，强调函数要用公式来表示。这样的函数定义为后代的函数开发提供了便利。

1755 年，瑞士数学家莱昂哈德·欧拉将函数定义为："如果某些变量以某种方式依赖于其他变量，也就是说，当这些后变量发生变化时，前一个变量也将发生变化，因此，这些前一个变量称为后一个变量的函数。"欧拉的定义非常接近现代函数的定义。就函数的表达而言，欧拉不限于使用数学公式来表达函数，他曾经在坐标系中绘制它们，他认为函数是"随意绘制的曲线"。

（三）19 世纪的函数——对应关系

19 世纪，数学创造力和严格性精神得到高度发展。几何、代数、分析和其他分支如雨后春笋般涌现。函数进入 19 世纪之后，概念理论得到了极大的扩展和完善。

1821 年，法国数学家奥古斯丁·路易斯·柯西从变量的定义中给出了函数的定义。他指出，尽管无限级数是定义函数的有效方法，但函数的定义不需要解析表达式。他提出了"自变量"的概念："某些变量之间存在一定的关系，当给定一个变量的值时，其他变量的值可以与之一起确定，给定变量叫自变量，其他变量称为函数。"该定义与当前中学教科书中的功能定义基本相同。

在 1822 年，法国数学家、物理学家让·巴普蒂斯·约瑟夫·傅里叶发现可以将某些函数表示为一个三角形级数，然后提出可以将任何函数扩展为一个三角形级数。他提出了著名的傅里叶级数。这使函数的概念得到了改进，并将世界对函数的理解推向了一个新的高度。

1837 年，德国数学家狄利克雷指出：对于一定间隔内的每个特定值，都有一个或多个特定值，则 y 称为 x 的函数。Dirichlet 的函数定义避免了以前由依赖关系定义的函数定义的缺点，并且简洁明了，被大多数数学家所接受。

（四）现代函数——集合论的函数、复变函数

自从德国数学家康托尔提出的集合论被世界广泛接受以来，以集合对应表示的功能概念逐渐占据了数学家的思想。通过集合的概念，函数的对应关系，定义域和值域被进一步具体化。在 1914 年，费利克斯·豪斯多夫使用"序偶"在《集合论纲要》中定义了函数。库拉托夫斯基在 1921 年使用集合论来定义"有序对"，这使豪斯多夫的定义更加严谨。

复变函数理论主要包括单值解析函数理论、黎曼曲面理论、几何函数理论、残差理论、广义解析函数等。

如果函数的变量取某个值时具有唯一值，则该函数的解称为单值解析函数，而多项式就是这样的函数。

复杂变量函数研究多值函数，而黎曼曲面理论是研究多值函数的主要工具，通过将多个层放在一起形成的表面称为黎曼表面。使用这种表面，可以很直观地在几何上表达和解释单值分支和多值函数的分支点的概念。对于某个多值函数，如果可以制作黎曼曲面，则该函数将成为黎曼曲面上的单值函数。

黎曼曲面理论是复杂变量函数域和几何之间的桥梁，这使我们能够将更多深奥函数的解析属性与几何联系起来。近年来，对黎曼曲面的研究对拓扑学（数学的另一分支）具有较大的影响，并逐渐趋于讨论其拓扑性质。

在复函数理论中，使用几何方法来解释和解决问题的内容。它通常被称为几何函数理论。复杂函数可以通过共形映射理论为其属性提供几何解释。由导数不为零的解析函数实现的映射都是保形映射，广泛应用于流体力学、空气动力学、弹性理论、静电场理论等领域。

留数理论是复函数理论中的重要理论。留数也称为残数，其定义更为复杂。残差理论的应用比线性积分的计算更便于计算复变量函数的积分。

对单值解析函数的某些条件进行了适当更改和补充，以满足实际研究工作的需求。更改后的解析函数称为广义解析函数。由广义解析函数表示的几何图形的变化称为拟保角变换。解析函数的某些基本属性也可以应用于广义解析函数，只要它们稍有变化即可。

广义解析函数不仅在流体力学研究中，而且在薄壳理论等固体力学部门中都有广泛的应用。因此，近年来该领域的理论发展非常迅速。

从柯西（Cauchy）算起，复变函数的理论已有 170 多年的历史，凭借其完善的理论，它已成为数学的重要组成部分。它促进了某些学科的发展，并且经常被用作解决实际问题的有力工具。它的基本内容已成为许多科学与工程专业的必修课。目前，在复变量的函数理论中仍有许多问题需要研究，因此，它将继续向前发展并得到更多的应用。

（五）　函数的发展对当代社会的意义

函数的发展对当代社会的生产和生活产生了重大影响。随着时间的不断发展，函数的概念也分为网状分支，从简单的线性函数到复杂的五次函数方程的求解；从简单基本初等函数到后来的复杂变量函数、实变量函数。随着人们不断深化函数理论的概念，发现了这些函数的共同性质，无数人对其进行了进一步的研究和讨论，函数思想理论已经渗透到社会的各个领域。

从教师教学中的函数思维到数学建模以解决实际问题；从计算机程序设计领域的 C 函数到调节市场经济的概率论研究，函数一直在发挥着强大的作用。理解函数概念的发展过程是不断挖掘和理解函数内涵的过程，可以使人们对这个客观世界有更深刻的理解，帮助人们丰富视野，并不断发展以适应不断变化的社会需求。

二、对数的发明

自古以来，人们的日常生活和所从事的许多领域都离不开数值计算，并且随着人类社会的进步，对计算的速度和精确程度的需要越来越高，这就促进了计算技术的不断发展。印度阿拉伯记数法、十进小数和对数是文艺复兴时期计算技术的三大发明，它们是近代数学得以产生和发展的重要条件。其中对数的发现，曾被 18 世纪法国大数学家、天文学家拉普拉斯评价为"用缩短计算时间延长了天文学家的寿命"。

（一）　对数思想的萌芽

对数的基本思想可以追溯到古希腊时代。早在公元前 500 年，阿基米德就研究过几个 10 的连乘积与 10 的个数之间的关系，用现在的表达形式来说，就是研究了这样两个数列：1，10，10^2，10^3，10^4，10^5，…；0，1，2，3，4，5，…他发现了它们之间有某种对应关系。利用这种对应关系可以用第二个数列的加减关系来代替第一个数列的乘除关系。阿基米德虽然发现了这一规律，但他却没有把这项工作继续下去，失去了对数破土而出的机会。

2000 年后，一位德国数学家对对数的产生做出了实质性贡献，他就是史蒂非。1514 年，史蒂非重新研究了阿基米德的发现，他写出两个数列：0，1，2，3，4，5，6，7，8，9，10，11…；1，2，4，8，16，32，64，128，256，512，1024，2048…他发现，上一排数之间的加、减运算结果与下一排数之间的乘、除运算结果有一种对应关系，例如，上一排中的两个数 2、5 之和为 7，下一排对应的两个数 4、32 之积为 128，正好就是 2 的 7 次方。实际上，用后来的话说，下一列数以 2 为底的对数就是上一列数，并且史蒂非还知道，下一列数的乘法、除法运算，可以转化为上一列数的加法、减法运算。例如，$\ln (23 \times 25)$ $= \ln 23 + \ln 5$，等等。就在史蒂非悉心研究这一发现的时候，他遇到了困难。由于当时指数概念尚未完善，分数指数还没有被认识，面对像 17×63，$1025 \div 33$ 等情况就感到束手无策了。在这种情况下，史蒂非无法继续深入研究下去，只好停止了这一工作。但他的发现为对数的产生奠定了基础。

（二）纳皮尔的功绩

15—16 世纪，天文学得到了较快的发展。为了计算星球的轨道和研究星球之间的位置关系，需要对很多的数据进行乘、除、乘方和开方运算。由于数字太大，为了得到一个结果，常常需要运算几个月的时间。烦琐的计算困扰着科学家，能否找到一种简便的计算方法？数学家们在探索、在思考。如果能用简单的加减运算来代替复杂的乘除运算那就太好了！这一梦想终于被英国数学家纳皮尔实现了。纳皮尔于 1550 年出生于苏格兰爱丁堡。他家是苏格兰的贵族，他 13 岁入圣安德鲁斯大学学习，后来留学欧洲，1571 年回到家乡。纳皮尔是一位地主，他曾在自己的田地里进行肥料施肥试验，研究过饲料的配合，还设计制造过抽水机。他的兴趣十分广泛，一方面热衷于政治和宗教斗争，另一方面投身于数学研究。他在球面三角学的研究中有一系列突出的成果。纳皮尔研究对数的最初目的就是简化天文问题的球面三角的计算，他也是受到了等比数列的项和等差数列的项之间的对应关系的启发。纳皮尔在两组数中建立了这样一种对应关系：当第一组数按等差数列增加时，第二组数按等比数列减少。于是，后一组数中每两个数之间的乘积关系与前一组数中对应的两个数的和，建立了一种简单的关系，从而可以将乘法运算归结为加法运算。在此基础上，纳皮尔借助运动概念与连续的几何量的结合继续研究。纳皮尔画了两条线段，设 AB 是一条定线段，CD 是给定的射线，令点 P 从 A 出发，沿 AB 做变速运动，速度跟它与 B 的距离成比例地递减。同时，令点 Q 从 C 出发，沿 CD 做匀速运动，速度等于 P 出发时的值，纳皮尔发现此时 P，Q 运动距离有种对应关系，他就把可变动的距离 CQ 称为距离 PB 的对数。

　　当时还没有完善的指数概念，也没有指数符号，因而实际上也没有"底"的概念，纳皮尔把对数称为人造的数。对数这个词是纳皮尔创造的，原意为"比的数"。他研究对数用了 20 多年时间，1614 年，他出版了名为《奇妙的对数定理说明书》的著作，发表了他关于对数的讨论，并包含了一个正弦对数表。有趣的是，同一时间瑞士的一个钟表匠比尔吉也独立发现了对数，他用了 8 年时间编出了世界上最早的对数表，但他长期不发表它。直到 1620 年，在开普勒的恳求下才发表出来，这时纳皮尔的对数已闻名全欧洲。纳皮尔的对数著作引起了人们广泛的注意，伦敦的一位数学家布里格斯于 1616 年专程到爱丁堡看望纳皮尔，建议把对数做一些改进，使 1 的对数为 0，10 的对数为 1 等，这样计算起来更简便，也更为有用。次年，纳皮尔去世，布里格斯独立完成了这一改进，就产生了使用至今的常用对数。1617 年，布里格斯发表了第一张常用对数表。1620 年，哥莱斯哈姆学院教授甘特试作了对数尺。当时，人们并没有把对数定义为幂指数，直到 17 世纪末才有人认识到对数可以这样来定义。1742 年，威廉斯把对数定义为指数并进行系统叙述。现在人们定义对数时，都借助于指数，并由指数的运算法则推导出对数运算法则。可在数学发展史上，对数的发现却早于指数，这是数学史上的珍闻。解析几何与微积分出现以后，人们在研究曲线下的面积时，发现了面积与对数的联系。比如，圣文森特的格雷果里在研究双曲线 $xy=1$ 的面积时，发现面积函数很像一个对数，后来他的学生沙拉萨第一个把面积解释为对数。但当时并没有认识到对数和双曲线下面积之间的确切关系，更没有认识到自然对数就是以 e 为底的对数。后来，牛顿也研究过此类问题。欧拉在 1748 年引入了以 a 为底的 x 的对数 $\log_a x$ 这一表示形式，以作为满足 $a^y=x$ 的指数 y，并对指数函数和对数函数做了深入研究。而复变函数的建立，使人们对对数有了更彻底的了解。

（三）天文学家的欣喜

对数的出现引起了很大的反响，不到一个世纪，几乎传遍世界，成为不可缺少的计算工具。其简便算法，对当时的世界贸易和天文学中大量烦琐计算的简化起到了重要作用，尤其是天文学家几乎是以狂喜的心情来接受这一发现的。1648 年，波兰传教士穆尼阁把对数传到中国。在计算机出现以前，对数是十分重要的简便计算技术，曾得到了广泛的应用。对数计算尺几乎成了工程技术人员、科研工作者离不开的计算工具。直到 20 世纪发明了计算机后，对数的作用才为之所替代。但是，经过几代数学家的耕耘，对数的意义不再仅仅是一种计算技术，而是找到了它与许多数学领域之间千丝万缕的联系，对数作为数学的一个基础内容，表现出极其广泛的应用。1971 年，尼加拉瓜发行了一套邮票，尊崇世界上"十个最重要的数学公式"。每张邮票以显著位置标出一个公式并配以例证，其反面还用西班牙文对公式的重要性作了简短说明。有一张邮票是显示纳皮尔发现的对数。对数、解析几何和微积分被公认是 17 世纪数学的三大重要成就，恩格斯赞誉它们是"最重要的数学方法"。伽利略甚至说："给我空间、时间及对数，我即可创造一个宇宙。"

三、方程的求解

对于二次方程，我们有熟知的公式解法（称为求根公式）。我国古代数学家已比较系统地解决了部分方程求解的问题，在《九章算术》、北宋数学家贾宪的《黄帝九章算法细草》、南宋数学家秦九韶的《数书九章》中均有记载。在 16 世纪，已找到了三次和四次函数的求根公式，人们曾经希望得到一般的五次以上代数方程的根式解，但经过长期的努力仍无结果。1824 年，挪威年轻数学家阿贝尔（N. H. Abel，1802—1829）成功地证明了五次以上一般方程没有根式解。1828 年，法国天才数学家伽罗瓦（E. Galois，1811—1832）巧妙而简洁地证明了存在不能用开方运算求解的具体方程。人们认识到高于 4 次的代数方程不存在求根公式，因此，对于高次多项式函数及其他的一些函数，有必要寻求其零点的近似解的方法，这是一个在计算数学中十分重要的课题。

对于二次方程，它的解决方法来源于毕达哥拉斯定理（勾股定理），对于

$x^2 + ax = d$ 求 x 的问题，古代数学家用过假设的方法，这无疑是一种最笨的方法，因而有人想出了利用 $X - Y = C$，$X^2 + Y^2 = D$，可以求出的进行转换来求二次方程，这种方法特别难以想象到，令人钦佩，从而得到了二次方程的求解公式。

在这种令人难以想象的灵感中，别人想到了为什么我就想不到。这是因为我不曾认真思考过为什么这样，为什么会有这样的结果，这是如何得到的？这种种疑问我不曾有过，或许有而没有认真对待过而忘了。在我们的应试教育中我们失去了这种对各种事物的好奇，对未知的疑问，这是悲哀的。然而我们不得不面对它，而且正视这个问题，不要再没有对未知的好奇，对数学中不理解的想方设法地去了解，不要再畏惧可能看不明白的地方，学数学也没那么简单，如果不曾困惑不解过，又怎能进步。我们的人生也是如此，我们要不畏惧地去面对生活中的未知，当对人生困惑不解时，是一种成长的过程，这没什么，这需要我们去经历，去解决、去成长。

当解决了二次方程的问题后，数学家们又开始了对三次方程的探究，这个过程是漫长的、极其艰难的。数学家们又开始了对它的解读，在得出结果过程中的故事是具备戏剧性的，又是令人愤慨的。

三次方程发展史简介：人类很早就掌握了一元二次方程的解法，但是对一元三次方程的研究，则是进展缓慢的。古代中国、希腊和印度等国的数学家，都曾努力研究过一元三次方程，但是他们所发明的几种解法，都仅仅能够解决特殊形式的三次方程，对一般形式的三次方程就不适用了。

在 16 世纪的欧洲，随着数学的发展，一元三次方程也有了固定的求解方法。在很多数学文献上，把三次方程的求根公式称为"卡尔丹诺公式"，这显然是为了纪念世界上第一位发表一元三次方程求根公式的意大利数学家卡尔丹诺。那么，一元三次方程的通式解，是不是卡尔丹诺首先发现的呢？历史事实并不是这样。

数学史上最早发现一元三次方程通式解的人，是 16 世纪意大利的另一位数学家尼柯洛·冯塔纳（Niccolo Fontana）。冯塔纳出身贫寒，少年丧父，家中也没有条件供他读书，但是他通过艰苦的努力，终于自学成才，成为 16 世纪意大利最有成就的学者之一。由于冯塔纳患有口吃症，所以当时的人们昵称他为

"塔尔塔里亚"（Tartaglia），也就是意大利语中"结巴"的意思。后来的很多数学书中，都直接用"塔尔塔里亚"来称呼冯塔纳。

经过多年的探索和研究，冯塔纳利用十分巧妙的方法，找到了一元三次方程一般形式的求根方法。这个成就，使他在几次公开的数学较量中大获全胜，从此名扬欧洲。但是冯塔纳不愿意将他的这个重要发现公之于世。

当时的另一位意大利数学家兼医生卡尔丹诺，对冯塔纳的发现非常感兴趣。他几次诚恳地登门请教，希望获得冯塔纳的求根公式。可是冯塔纳始终守口如瓶，滴水不漏。虽然卡尔丹诺屡次受挫，但他极为执着，软磨硬泡地向冯塔纳"挖秘诀"。后来，冯塔纳终于用一种隐晦得如同咒语般的语言，把一元三次方程的解法"透露"给了卡尔丹诺。冯塔纳认为卡尔丹诺很难破解他的"咒语"，可是卡尔丹诺的悟性太高了，他通过解三次方程的对比实践，很快就彻底破译了冯塔纳的秘密。

卡尔丹诺把冯塔纳的一元三次方程求根公式，写进了自己的学术著作《大法》中，但并未提到冯塔纳的名字。随着《大法》在欧洲的出版发行，人们才了解到一元三次方程的一般求解方法。由于第一个发表一元三次方程求根公式的人确实是卡尔丹诺，所以后人就把这种求解方法称为"卡尔丹诺公式"。

卡尔丹诺剽窃他人的学术成果，并且据为己有，这一行为在人类数学史上留下了不甚光彩的一页。这个结果，对于付出艰辛劳动的冯塔纳当然是不公平的。但是，冯塔纳坚持不公开他的研究成果，也不能算是正确的做法，起码对于人类科学发展而言，是一种不负责任的态度。

得出一元三次方程求解公式的这个人，无疑是一个真正的天才，数学的幸运儿，但是令我真正佩服的恰恰是他对别人的不隐瞒，这种无私的精神，对数学的纯粹，对数学的无私奉献，只是自己乐在其中，他的成果源于他对数学的毫无保留，虽然他的成果被盗，令人悲哀，令人愤慨，但也许真是像他这样对于世人的问题毫无保留地去回答，才有数学如今的繁盛，才使得后人能知道世界各地的数学、各种思维。今人能站在前人的肩膀上，正是站在巨人的肩膀上才使得如今数学如此繁华。在中国古代，向来有家传绝技，这绝技可能是一种武功，历来中国武功绝顶，可为什么如今大家只知道那几种呢？这就是因为传授绝技者心胸狭隘导致的；可能是一种做豆腐的技巧，可能是一种木工的技术，可悲可叹，竟有如此局面。传承几千年的绝技是一种对事物的巨人的肩膀，而这个肩膀只有家人能踩，是肯定发展不起来的。也只有百家争鸣，各家将各自的精传与天下共享，才会快速进步。

四次方程和五次方程的发展：16 世纪时，意大利数学家塔塔利亚和卡尔丹诺等人发现了一元三次方程的求根公式，费拉里找到了四次方程的求根公式。当时数学家们非常乐观，以为马上就可以写出五次方程、六次方程，甚至更高次方程的求根公式。然而，时光流逝了几百年，谁也找不出这样的求根公式。

大约 300 年之后，在 1825 年，挪威学者阿贝尔（Abel）终于证明了：一般的一个代数方程，如果方程的次数 $n \geqslant 5$，那么此方程不可能用根式求解，即不存在根式表达的一般五次方程求根公式。这就是著名的阿贝尔定理。

20 世纪 80 年代，中国的一名中学数学教师范盛金发明了"三次方程新解法——盛金公式解题法"，在这个基础上，深入探索与研究了根式解一元五次方程的问题。范盛金给出了可化为 $(X + b/(5a))^5 = 0$ 与 $(X + b/(5a))^5 = R$ 的求根公式，并提出了具有数学美的一般式一元五次方程的猜想求根公式的表达式。

在数学的发展中，数学家们对学数学的态度是严谨的，是一丝不苟的，是专心一致的。这也是我们应当有的态度，所谓差之毫厘，谬以千里，我们要以一丝不苟的心态去对待数学，去学好数学。

对于数学，在对基础知识掌握的基础上，应学会去继承，去创造，去发展，这对于数学是至关重要的。

所谓继承，就是在前人的基础上，由已知向未知去发展，站在巨人的肩膀上对未知的探索，这样，我们才能发展得更快。继承过去，去发展，去创造。继承，在数学的学习过程中，这是至关重要的，我们在学习中，无时无刻不在继承。

创造，从数学的开始到结束，数学家们一直在进行创造，在创造的过程中，数学在不断进步，世界也在不断地发展，才有了如今数学的繁枝茂叶，各种奇思妙想，才有了世界科技技术的快速发展。世界在创造中改变，进步，发展。

数学是博大精深的，需要我们去了解，数学是一种智慧。

第二节 必修二

一、画法几何与蒙日

法国数学家、化学家和物理学家加斯帕尔·蒙日在皇家军事工程学院讲授画法几何学，时间长达 15 年。1784 年由于被任命为海军学员主考官而离开该校。1795 年巴黎高等师范学校成立，蒙日应邀讲授画法几何学，并辅导作业。学生有 1200 多名，来自全国各地，助教为著名的数学家傅里叶。讲授过程中，他不断地融入自己科研的实例和理论成果，讲授内容的速记稿随后在该校校刊发表，但对外保密。同年，综合工科学校成立，蒙日将画法几何学列为该校的"革命科目"，并亲自担任教学工作。1798 年由于学生们的呼请，《画法几何学》的保密令被取消，该书得以正式出版。

蒙日《画法几何学》的最初版本，包括 5 个部分，即画法几何学的目的、方法及基本问题；曲面的切平面和法线；曲面的交线；曲面相贯线作图方法在解题中的应用；双曲率曲线的曲率和曲面的曲率。在 1820 年出版的第 4 版中，人们又根据他生前的手稿，整理增加了阴影理论和透视理论两个部分。

蒙日的《画法几何学》的核心思想，就是用二维的平面图形来表示通常三维空间中的立体和其他图形。具体地说，首先想象两个成直角相交的平面，就像把一本书打开成 90°角：一张平面水平放置，另一张平面垂直放置。要描画的空间图形由垂直于平面的射线分别投影到两个平面上。这样就有了空间图形的两个投影：在水平平面上的投影叫作俯视图，在垂直平面上的投影叫作正视图。如果必要的话，还可以作出第 3 个投影，叫作侧视图。现在把垂直平面翻下来，使它和水平平面落在同一个平面（即水平平面所在的平面）上，就像把书打开平放在桌面上一样。于是，空间立体或其他图形就由两个投影描画在同一个平面上了。这样我们就有了一个作图方法，它把我们通常想象的或实在的三维空间中的东西通过同一平面上的两幅平面图形表达出来了。用平面表达立体，用二维刻画三维，这就是《画法几何学》的思想。

蒙日《画法几何学》的绘图法，主要是用二正交投影面定位的正投影法，有人称为"蒙日法"。但这种绘图法并非蒙日首创。欧洲文艺复兴时期的1525年，德国的迪勒已应用互相垂直的三画面画过人脚、人头的正投影图和剖面图。17世纪末，意大利人波茨措所著的《透视图与建筑》中介绍了先画物体的二正投影图，然后根据正投影图画透视图的方法。但是这些方法的表述不是系统的，而是零散的。蒙日的最大贡献在于用"投影"（或"射影"）的观点对这些方法进行了几何的分析，从中找出规律，形成体系，使经验上升为理论；同时使作图方法也形成了体系。利用这种体系，不仅所绘图形精确了，难画的部位容易被画出来了，而且可以利用图解立体的空间几何性质，由"已知通向未知"，寻求"真相"。

在蒙日看来，《画法几何学》是每一个设计人员和技术工人必须具备的一种通用语言。按照这种语言，设计人员可以把自己头脑中设想的机器部件用一张图纸上的两幅平面图形表示出来；图纸到了工厂，熟练的技术工人根据这两幅平面图形立即想象出该部件的实际形状应该是什么样子，并把它制造出来。因此，他在《画法几何学》的导言中指出，《画法几何学》既是使法国摆脱长期对外国工业的依赖、普及工业进步不可缺少的知识，也是利用机器减轻手工劳动、提高产品精确度的不可缺少的知识。正因为如此，《画法几何学》公开出版后便不胫而走，迅速传入各国。起初是军工学校，之后是普通理工院校相继开设了这一科目，出现了英、德、俄、日等语种的译本。《画法几何学》得到广泛的推广应用，对各国工业的发展起了重要的推动作用。21世纪的一位数学家评论说，没有蒙日的《画法几何学》，19世纪机器的大规模出现也许是不可能的。我们人类文明的相当大一部分要归功于数学家蒙日。

蒙日的《画法几何学》思想，同样得到了学术界的高度评价。著名数学大师高斯在1810年说，蒙日的《画法几何学》一书简明扼要，由浅入深，系统严密，富有创新，体现了"真正的几何精神"，是"智慧的滋补品"。高斯并不否认代数解析法的优点，但他认为过多地依赖解析法会失掉基于直觉想象力的几何思考能力的作用。于是他建议德国人应当认真研读蒙日的《画法几何学》。

二、祖暅原理与柱体、锥体及球体体积

祖暅原理也就是"等积原理"。它是由我国南北朝杰出的数学家祖冲之（429—500）的儿子祖暅（gèng）首先提出来的。

祖暅原理的内容是：夹在两个平行平面间的两个几何体，被平行于这两个平行平面的任何平面所截，如果截得两个截面的面积总相等，那么这两个几何体的体积相等。

等积原理的发现起源于刘徽发现《九章算术》中球的体积公式是错误的。祖暅提出的方法是取每边为 1 寸的正方体棋子八枚，拼成一个边长为 2 寸的正方体，在正方体内画内切圆柱体，再在横向画一个同样的内切圆柱体。这样两个圆柱所包含的立体共同部分像两把上下对称的伞，刘徽将其取名为"牟合方盖"。（古时人称"伞"为"盖"，"牟"同"侔"，意即相合）根据计算得出球体积是牟合方盖体积的四分之三，可是圆柱体又比牟合方盖大，但是《九章算术》中得出球的体积是圆柱体体积的四分之三，显然《九章算术》中的球体体积计算公式是错误的。刘徽认为只要求出牟合方盖的体积，就可以求出球的体积。可怎么也找不出求导牟合方盖体积的途径。

祖暅沿用了刘徽的思想，利用刘徽"牟合方盖"的理论进行体积计算，得出"幂势既同，则积不容异"的结论。"势"是高，"幂"是截面积。

在西方，球体的体积计算方法虽然早已由希腊数学家阿基米德发现，但"祖暅原理"是在独立研究的基础上得出的，且比阿基米德的内容要丰富，涉及的问题要复杂，二者有异曲同工之妙。根据这一原理可以求出牟合方盖的体积，然后再导出球的体积。

这一原理主要应用于计算一些复杂几何体的体积。在西方，直到 17 世纪，才被意大利数学家卡瓦列里（B. Cavalieri，1598—1647）发现。于 1635 年出版的《连续不可分几何》中，提出了等积原理，所以西方人把它称为"卡瓦列里原理"。其实，他的发现要比我国祖暅晚 1100 多年。

三、欧几里得《几何原本》与公理化方法

欧几里得的《几何原本》共有 23 个定义，5 条公设，5 条公理，他力图把

几何学建立在这些原始的定义、公理和公设的基础上，然后以这些显然的假设为依据推证出体系里的一切定理。由于欧几里得所处的时代是人类文明的初期，受时代的局限，《几何原本》的逻辑系统不可能完美无缺，在许多地方出现了漏洞。例如，常常使用未经定义过的概念来解释一个新的概念；用了既不是公理，又不是公设，也没有证明过的结论作为论证命题的依据；等等。正因为如此，在《几何原本》问世后 2000 年中，一方面，《几何原本》作为用逻辑来叙述科学的典范，对数学其他分支甚至整个科学发展起着深远的影响；另一方面，对于《几何原本》在逻辑上的欠缺进行修改、补充和研究工作从未停止过，对于《几何原本》中的定义、公理、公设的研究成了历代数学家的重要课题。尤其对于《几何原本》中的第五公设，许多数学家对它产生了怀疑，最终导致非欧几何的创建（见非欧几里得几何学）。19 世纪末，德国数学家希尔伯特第一次给出了完备的欧几里得几何公理系统。

四、笛卡尔与解析几何

勒内·笛卡尔，1596 年 3 月 31 日出生于法国安德尔－卢瓦尔省的图赖讷拉海，1650 年 2 月 11 日逝世于瑞典斯德哥尔摩，是法国著名的哲学家、数学家、物理学家。他是西方近代哲学奠基人之一，笛卡尔对现代数学的发展做出了重要的贡献，因其将几何坐标体系公式化而被认为是"解析几何之父"。他还是西方现代哲学思想的奠基人，是近代唯物论的开拓者并提出了普遍怀疑的主张。他的哲学思想深深影响了之后的几代欧洲人，开拓了欧陆理性主义哲学。人们在他的墓碑上刻下了这样一句话："笛卡尔，欧洲文艺复兴以来，第一个为人类争取并保证理性权利的人。"

17 世纪欧洲科学技术的发展向人们提出了许许多多用常量数学难以解决的问题，天体运动和物理运动也提出了用运动的观点来研究圆锥曲线和其他曲线的问题，为此人们寻求解决变量问题的新方法，从而使笛卡尔创立了解析几何学。解析几何的诞生是数学的伟大转折，正如恩格斯所说："数学中的转折点是笛卡尔的变数。有了变数，运动进入了数学，有了变数，辩证法进入了数学，有了变数，微分和积分立刻成为必要的了，而它们也就立刻产生。"

1. 早期的坐标概念

在没有把坐标的概念引进数学之前，人们对坐标思想的认识和运用早就有过。我国最早用"井"字表示井周围的土地就是取自坐标的形态。公元 120 年前后笛卡尔创立了解析几何学。

古希腊的托勒密曾讨论过球面上的经纬度，我国 13—14 世纪解多元高次方程组使用的"四元术"，这些都是坐标概念的早期示例。以后出现的棋盘、算盘、街道门牌号等，实际上也是一种坐标系统。

16 世纪末，法国数学家韦达在代数中首先系统地使用字母，他所研究的代数问题，大多数是为解决几何问题而提出来的。之后，韦达的学生格塔拉底对几何问题的代数解法做了系统的研究，于 1607 年和 1630 年分别发表了《阿波罗尼斯著作的现代阐释》《数学的分析与综合》著作。1631 年，英国数学家哈里奥特把韦达和格塔拉底的思想加以引申和系统化，这些都为几何学和代数学的结合，形和数的结合，铺平了道路。

2. 费尔马的坐标法

1629 年法国数学家费尔马在对前人几何研究的反思中，产生了一个想法，认为古人对于轨迹的研究感到困难，其原因只有一个，就是由于他们对轨迹没有给予充分而又一般的表示。他认为，要将轨迹作一般的表示，只能借助于代数。他了解到韦达用代数解决几何问题的做法后，决定把阿波罗尼斯关于圆锥曲线的结果直接翻译成代数的形式。

费尔马所用的一般方法，实质上就是坐标法。他考虑任意曲线和它上面的任意点 K，K 的位置用 A，E 两个字母来确定。其中，A 是从点 O 沿底线到点 Z 的距离，E 是从点 Z 到点 K 的距离。这实际上是我们现代的斜坐标。但 y 轴没有明显标出，而且不用负数。他的 A，E 就相当于我们现在的坐标 x，y。

费尔马通过建立坐标，把平面上的点和一对未知数联系起来。然后在点动成线的思想下，把曲线用一个方程表示出来。他想，未知数 A 和 E 实际上是变数，因而联系 A 和 E 的方程是不确定的。他便用不同字母代表不同类的数，然后写出联系 A 和 E 的各种方程，并指明它们所描绘的各种曲线。费尔马肯定，方程如果是一次的，就代表直线，如果是二次的，就代表圆锥曲线，并给出了直线、圆、椭圆、双曲线、抛物线的方程。

费尔马通过坐标法把几何曲线和代数方程联系起来，从而把几何学和代数学联系起来，这已经接近解析几何的核心思想。他冲破几何学研究的古典形式的束缚，使几何学向前迈出了一大步。

3. 笛卡尔解析几何的诞生

几乎是费尔马研究解析几何的同时，法国数学家笛卡尔也在独立地研究着。

1596 年 3 月 21 日，笛卡尔出生在法国图伦一个贵族之家。他从小丧母，父亲是地方议会议员，保姆抚养他成人。笛卡尔 8 岁进入当时欧洲最负盛名的拉夫累舍公学读书，1612 年进入波埃顿大学攻读法律，四年后以最优秀的成绩获得法学博士学位。毕业后他来到巴黎当律师，其间，溜到郊区一个僻静的住所埋头研究了两年数学。

1617 年他参加了奥伦治公爵的军队，部队驻守在荷兰小城布雷达。1618 年 11 月的一天，笛卡尔看到贴在街头海报上征解的一道数学难题，两天后他送去了正确答案，成功地解决了这一难题。这一偶然的机会使他决心终生研究数学。

笛卡尔认真地分析了几何学与代数学的优缺点。他认为古希腊人给后人带来的几何方法过于抽象和特殊；欧几里得几何中的每一个证明，都需要一个特殊的新方法，这既"笨拙和不必要"，而且使几何学"失去科学的形象"；又认为当时通行的代数"完全受法则和公式的控制，成为一种混杂和晦暗，阻碍思想"。他准备寻找另一种能概括这两门学科优点的新方法。

1619 年，部队驻扎在多瑙河畔的诺伊堡小镇上，笛卡尔整天沉迷在画图、计算和思考中，探索几何与代数的本质联系，各种思路和演算常常使他夜里迟迟不能入睡。11 月 10 日晚，他的思考达到了异常兴奋的地步，连做梦都梦到怎样把代数应用到几何中去的方法。他后来说："第二天，我开始懂得这惊人发现的基本原理。我终于发现了一种不可思议的科学的基础。"这就是解析几何思想的萌生。

笛卡尔在给定的轴上标出 x，在与该轴成固定角的线上标出 y，并且作出其 x，y 的值满足给定关系的点，这实际上是引进了"坐标"的概念。通过坐标实现了平面的"算术化"，即平面上的一个点，只要用一个数对（x，y）来表示就行了，反之则相反。再利用坐标方法，把平面上的曲线与一个含有两个未知数的方程联系起来。这样一来，就能把几何问题归结为代数问题，并运用代数方法来研究几何对象。1619 年 11 月 10 日应算作解析几何最初的诞生日。

笛卡尔和费尔马的解析几何在坐标观点以及用方程表示曲线的方法方面基

本上是相同的。但是在对待传统数学的态度上，两者是不同的。笛卡尔打破了希腊数学的传统，用代数方法代替传统的几何方法，这是数学史上的一次重大变革，而费尔马却着眼于继承希腊人的思想，认为他自己的工作只是重新表述了阿波罗尼斯的工作。

4. 解析几何学的完善

当时，大多数数学家受旧的观念束缚，反对把代数和几何混在一起，因而解析几何的思想并没有很快被数学家们接受。笛卡尔的《几何学》于 1637 年出版后，也没有引起普遍重视。费尔马的著作迟至 1679 年才出版。

笛卡尔去世 5 年后的 1655 年，英国数学家沃利斯首先引进了负的纵、横坐标，使得所考虑的曲线的范围扩展到了整个平面。沃利斯进一步完善了坐标法，其著作《论圆锥曲线》引起了数学家的普遍重视，大大传播了解析几何思想。

费尔马和笛卡尔提出的坐标系都是不完整的，费尔马没有明确 y 轴，而笛卡尔只是用了一根 x 轴，y 轴是沿着与 x 轴成斜角的方向画出的。

1691 年，雅各布·伯努利发明了另一种坐标。他用一个固定点以及由该点发出的射线为基准，用平面上一点到固定点的连线的长度和这条连线与基准的夹角的余弦为点的坐标，这实质上就是现在的极坐标。

在笛卡尔 x 轴、y 轴的基础上，1694 年莱布尼茨提出并正式使用纵坐标，而横坐标到 18 世纪才由沃尔夫等人引入。"坐标"一词也是莱布尼茨在 1692 年首创的。1715 年，约翰·伯努利引进了现在通用的三个坐标平面，把解析几何从平面推广到空间。

1745 年，欧拉给出了现代形式下的解析几何的系统叙述，这是解析几何发展史上的重要一步。之后，对解析几何发展做出重要贡献的是法国数学家拉格朗日，他在 1788 年提出了向量概念，引起了数学家与物理学家的极大注意，向量分析的出现立即对解析几何产生了深刻影响，现在向量代数成了空间解析几何的重要内容。

19 世纪，经典解析几何已经发展得相当完善。这时候，这门学科才正式定名为"解析几何"，以后便流传下来。

解析几何的建立在数学史上占有重要的地位，它使变量数学从此走上了历史舞台，实现了数形关系的沟通。作为一种有效的数学工具，它不仅广泛地被使用于物理学和其他工程技术领域，还常常渗透到各个数学分支，在整个数学中发挥作用，同时，它还可以启发人们提出新的观点。拉普拉斯说得好："只要代数同几何分道扬镳，它们的进展就缓慢，它们的应用就狭窄，但是当这两门科学结合成伴侣时，它们就互相吸取新鲜的活力。从那以后，就以快速的步伐走向完善。"17世纪以来数学的巨大发展，在很大程度上归功于解析几何。

5. 笛卡尔的故事

当时法国正流行黑死病，笛卡尔不得不逃离法国，于是他流浪到瑞典当乞丐。某天，他在市场乞讨时，有一群少女经过，其中一名少女发现他的口音不像是瑞典人，她对笛卡尔非常好奇，于是上前问他："你从哪来的啊？""法国""你是做什么的啊？""我是数学家。"

这名少女叫克丽丝汀，18岁，是一个公主，她和其他女孩子不一样，并不喜欢文学，而是热衷于数学。当她听到笛卡尔说明身份之后，感到相当大的兴趣，于是把笛卡尔邀请回宫。笛卡尔就成了她的数学老师，将一生的研究倾囊相授给克丽丝汀。而克丽丝汀的数学也日益进步，直角坐标当时也只有笛卡尔这对师生才懂。后来，他们之间有了不一样的情愫，发生了喧腾一时的师生恋。这件事传到国王耳中，让国王相当愤怒！下令将笛卡尔处死，克丽丝汀以自缢相逼，国王害怕宝贝女儿真的会想不开，于是将笛卡尔放逐回法国，并将克丽丝汀软禁。笛卡尔一回到法国后，没多久就染上了黑死病，躺在床上奄奄一息。笛卡尔不断地写信到瑞典给克丽丝汀，但却被国王给拦截没收。所以克丽丝汀一直没收到笛卡尔的信。在笛卡尔快要死去的时候，他寄出了第13封信，当他寄出去没多久后，就气绝身亡了。这封信的内容只有短短的一行：$r = a(1 - \sin\theta)$。

国王拦截到这封信之后，拆开一看，发现并不是一如往常的情话。国王当然看不懂这个数学式，于是找来城里所有科学家来研究，但都没有人能够解开到底是什么意思。国王心想反正笛卡尔快要死了，而且公主被软禁时郁闷不乐的，所以，就把信交给克丽丝汀。当克丽丝汀收到这封信时，雀跃无比，她很高兴她的爱人还是在想念她。她立刻动手研究这行字的秘密，没多久就解出来了。如图6-1所示。

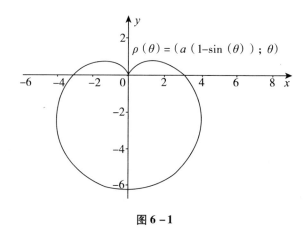

$\rho(\theta) = (a(1-\sin(\theta)); \theta)$

图 6-1

五、坐标法与机器证明（吴文俊）

（一）机器证明的诞生

近 20 年来，几何定理机器证明的研究和实践有了很大的进展。建立一个通用的几何解题方法，成批地解决问题，以至于万理一证，是历史上一些卓越科学家的梦想。

传说托勒密国王曾经要求欧几里得提供学习几何学的捷径，欧几里得没有屈服于皇帝的尊严，并坦率地说：在几何学上是没有捷径可走的。

以希腊几何学为代表的古代西方数学的特点是，在构建公理系统的基础上证明各种几何命题。几何问题的证明方法是巧妙的、有争议的，没有方法遵循，只能依靠个人经验、技巧和灵感，学习几何的孩子都在梦想：如果几何问题和在一个未知数中求解二次方程一样好，这种愿望已经存在了很长时间。

法国数学家笛卡尔在 17 世纪提出了一个好设想："所有问题都转化为数学问题，所有数学问题都转化为代数问题，所有代数问题都转化为代数方程解问题。"笛卡尔对问题的思考太简单了。如果他的想法能够实现，那将不仅是数学的机械化，还将是所有科学的机械化，因为求解代数方程是可以机械化的。但是笛卡尔并没有停留在幻想中，他创建的解析几何在空间形式和定量关系之间架起了一座桥梁，并实现了基本几何问题的代数化。

莱布尼茨是比笛卡尔晚的德国数学家，他的想法是"推理机"。他研究了逻辑，设计并建造了可以进行乘法运算的计算机，然后萌发了设计通用语言并构建通用机器的想法。莱布尼茨相信，一旦他的计划得以实现，人与人之间的所有争执都可以用冷静的机器推理来代替。他的努力促进了布尔数、数学逻辑和计算机科学的研究。正是在这个方向上，经过后代的努力，已经形成了机器定理证明的逻辑方法。

后来，德国数学家希尔伯特明确提出了公理系统中的判断问题：有了公理系统，就可以在该系统的基础上提出各种命题。那么，有没有一种机械方法，即所谓的算法测试每个命题以确定它是否成立？在希尔伯特著名的《几何基础》中，一个定理可以用来确定一类几何命题。

数学大师的不懈努力表明，数学机械化的思想是重要而深刻的；历史上数学机械化的缓慢发展也意味着这一方向的道路是漫长而艰难的。

证明的机械化，如果没有可以执行数学计算的机器，则只能在纸上进行。电子计算机的出现促使对数学机械化的研究变得活跃起来。波兰数学家塔斯基（Tarski）在 1950 年普及了关于代数方程实根数的 Sturm 定律，并证明了一个惊人的定理："基本几何的所有命题和基本代数的范围都可以通过机械方法来确定。"很可惜，他的方法太复杂了，即使使用高速计算机也无法证明几何定理，有些困难。

1959 年，美国洛克菲勒大学著名数学逻辑学家王浩教授设计了一个程序，用计算机在短短 9 分钟内证明了罗素和怀特·伊德（Russell and Whitehead）的杰作《数学原理》中关于命题逻辑的数百个定理。王浩的工作意义在于宣布使用计算机证明定理的可能性。特别是，他首次提出了"迈向机械数学"（Toward Mechanical Mathematics）的建议。1976 年，美国的两位年轻数学家在高速电子计算机上花费了 1200 个小时的计算时间，这证明了"四色定理"对数学家 100 多年未解决的难题给出了肯定的答案。

在漫长的数学发展历史中，已经积累了无数的几何定理。有许多巧妙而永恒的杰作，由于传统的兴趣和应用的价值，基本几何问题的自动解决已成为数学机械化研究的重点。自塔斯基的惊人定理发布以来已经过去 26 年，基本几何定理的机器证明仍未取得令人满意的进展。在经历了许多探索和失败之后，人们感叹：仅凭机器，就不可能在 100 年内证明许多有意义的新定理！

在这一领域的热情由于进展缓慢而趋于冷落之际，吴文俊方法的提出给定理机器证明的研究带来勃勃生机。用吴文俊方法可在计算机上很快地证明困难的几何定理，周咸青发展了吴文俊方法并把它实现为有效的通用程序，证明了512条非平凡定理，写成英文专著。这一进展是自动推理领域的一大突破，被国际同行誉为革命性的工作，吴文俊的工作在机器证明领域开辟了新的一页。

（二）吴文俊

当中国终于摆脱十年灾难的苦难时，1977 年，吴文俊在《中国科学》上发表了一篇论文《基本几何判断问题和机械化问题》，这给中国带来了一缕新鲜的春风。1984 年，吴文俊的学术专著《几何定理的力学证明的基本原理》由科学出版社出版。该专著遵循机械化的思想并介绍了数字系统和公理。他从机械化的角度系统地分析了各种几何系统，并清楚地建立了每个几何系统。机械化的几何定理侧重于解释几何定理的机械化证明的基本原理。1985 年，吴文俊发表了论文"代数方程的零点"，专门讨论了由多项式方程确定的零点集。此重要文件是正式建立吴文俊求解多项式方程的消除方法的重要标志。与国际上流行的代数理想主义不同，他清楚地提出了具有中国特色并基于多项式零点集的学术路线。从那时起，"吴方法"诞生了，对数学机械化的研究开启了他的新视野。

几何问题的代数化是几何问题机械化的第一步。为此，有必要引入一个数字系统，建立一个坐标系统，并使用代数方程来描述几何命题图中的各种关系。

吴文俊凭着数学家的素质，敏锐地认为，中国传统数学的"因缘与计算"的鲜明特征体现在其机械化和结构上。在他的论文"从'数学的九章'看中国传统数学的结构"中，这在"机械化的特征"中得到了澄清。

通过接触计算机，亲身体验了计算机的强大功能，并敏锐地意识到计算机具有巨大的发展潜力。吴文俊从 HP－1000 模型，学习算法语言和编译算法程序开始，跳入计算机室。这样一来，受中国数学史的启发，计算机的"玩法"以及在数学研究道路上数十年的探索和实践的启发，终于将吴文俊心中的数学机械化思想升华了。1977 年，吴文俊的论文《基本几何判断问题与机械化证明》在《中国科学》上发表，以阐明机械化思想的由来。

吴文俊吸收了中华民族灿烂文化的精髓，发扬了中国古代数学的优良传统，创造了世界公认的"机法""吴法",彻底改变了数学机械化领域的面貌。吴文俊的杰出成就生动地证明了事实:正确认识和学习数学史,不仅是数学发展的必然要求,而且是数学家永葆学术青春的重要源泉之一。

吴文俊所倡导的数学机械化研究,一方面继承了中国古代数学思想的精髓,另一方面又适应了现代科学技术的发展。数学机械化的研究是第一个在几何定理的机械证明中取得突破性成果的研究。随着时间的流逝,工作的积累和方向的扩大,数学机械化必将为中国乃至世界的数学发展做出积极的贡献。它将使数学更好地服务于科学技术,尤其是为高科技提供理论武器和有效工具。从几何机器证明到更丰富的数学机械化,这是不可避免的趋势。

(三) 机械数学与一般数学

机械化数学是数学的一部分。随着计算机大规模地渗透到人们的生活中,它自然改变了人们学习、工作和从事研究的方式。一张纸和一支笔的场景已基本成为历史。数学的各个领域都有自身的定理求证与方程式求解,这些都可以用机械化的方式求解。因此,由于数学机械化,传统数学的许多方面都焕然一新。它们相互补充,互惠互利。它是机械化数学与通用数学之间关系的绝佳写照。

1981 年,吴文俊在《数学的机械化与机械化的数学》一文中指出:"我们的研究工作仅仅是开始。如何继续发扬中国古代传统数学的机械特性,探索机械化数学的实现。在数学的各个领域,这是 21 世纪甚至整个 21 世纪将能够变得越来越完美的东西。"在过去的 20 年中,在吴文俊的积极倡导下,中国的数学机械化研究开始呈现出丰富多彩的趋势。展望 21 世纪,我们有理由相信机械化数学和数学机械化将为数学和数学的发展注入新的活力。

第三节　必修三

一、进位制

经过长期的实践，人类创造了一种计数方法，该方法使用少量符号来表示任何自然数，即进位系统。进位制是一种计数方式，它通过在各个位置使用有限值来表达各个值。可以使用的数字符号的数量记为 n，即 n 进位系统。目前，十进制是最常见的，即使用从 0 到 9 的十个阿拉伯数字来完成计数。

实际上，在人类历史的发展中，由于人们生产和生活的需要，除了世界上普遍使用的十进制系统外，还产生并应用了多种进位系统，例如，二进制、五进制、十二进制、十六进制、二十进制和六十进制。

二进制系统已广泛用于计算机操作中，它是人类最古老的计数方法之一。在中国最古老的哲学著作《易经》的"八卦"图片中，我们可以看到二元体系的原始痕迹。德国数学家莱布尼茨首先用二进制表示自然数。

目前，波利尼西亚群岛的居民仍在使用五位数字系统，它是用一只手的五个手指来计算的；从罗马数字的书写形式中，我们还可以看到五位数字系统。数字 1，2，3，4，5 用罗马数字表示为 Ⅰ，Ⅱ，Ⅲ，Ⅳ，Ⅴ；6，7，8，9，10 用罗马数字表示为Ⅵ，Ⅶ，Ⅷ，Ⅸ，Ⅹ，每增加到 5，就会生成一个新符号。

十二进制在使用英语的国家和地区曾被广泛应用，这一点我们从英语数词的表述可以明显看出来：从 1 至 12 英语数词各不相同，大于 12 的数词则以 1 至 12 为词根加以表述。同时我们也可以从很多西方国家采用的"12 件 = 1 打，12 便士 = 1 先令"等现象看出十二进制的应用。

十六进制则是我们比较熟悉的，如我国原来用的秤（俗称小两），16 两 = 1 斤；西方国家的 16 英两 = 1 磅。

二十进制在有些国家和地区也曾使用过，它可能起源于人们用手指和脚趾计数而创造出来的。

六十进制系统仍然在我们的日常生活中使用。例如，我们经常使用时钟60秒 = 1 分钟，60 分钟 = 1 小时。

二、割圆术

如果要列出数学中一个最让人印象深刻且特别的数，恐怕圆周率 π 会当仁不让地排在第一位。这个来自圆并且最终扩散到各个学科公式中的数字，被人们研究了几千年，仍然热度不减。π 已经不仅仅是数字了，更像是一种数学文化。

我们都知道 π 是个无理数，π 是不能用整数、分数来表示的一个数字，从这一点上它就远比一般的有理数更加高冷。再比如，π 还是一个超越数，何为超越数呢？就是 π 不可能是任何整数系数有理多项式方程的解，好像有点绕口。我们见过许许多多复杂的多项式方程，可能次数不定。但是只要这个多项式方程的系数都是整数，那么无论你用什么方法来求解，当然高于或等于五次以上的有理数方程是没有根式解的，没有根式解，实际上并不影响我们用别的方法来求最终的解。就算我们有了强大的计算机求解工具，π 始终不会是这样的方程的一个根。这就更加显得神秘莫测了。总之一句话，π 不是寻常的数字。

人们知道了这个著名且神秘的数字，自然是要对它穷追猛打，企图发掘出这个数字背后的全部奥秘。所以，探求一个数字的精义，首先你得求出这个数字是多少，然后才能再做打算吧。你这么想，事实上，人们的研究道路也正是这样进行的。

现在已经没法确定哪个文明，或者哪个人第一个发现圆周率 π 了。不过这不重要，根据现在残存为数不多的数学典籍，在古巴比伦发现的一块公元前1600 年的泥板上记录着当时把 25/8（3.125）作为圆周率。当然这个数字的误差比较大，不过考虑到当时处于人类的远古时代，这样的圆周率数值也是可以满足需求的。再后来，埃及人、古希腊人也都开始意识到圆周率这个常数了。

三、一个著名的案例

教材中罗斯福与兰顿的民意调查与实际竞选结果的不同是统计里一个典型

案例。

统计思维是统计的本质，是统计方法的灵魂，也是一种使用样本信息估计总体信息的思维方法。

统计方法具有内在联系和逻辑关系，它们在识别事物时具有更一般的模式。这些模式是统计的基本思想，主要包括求平均值、估计、相关、拟合，检验等。

统计思想是指统计过程中应确立的世界观和方法论，包括基本思想：作为整体、推论、比较和相关性。统计思维主要包括调查、估计、检验、控制和预测以及创新。

随着时代的发展，统计在社会发展中发挥着越来越重要的作用。

统计主要体现在以下几个方面：

（1）数据处理能力。统计思维主要体现在掌握数据和信息的能力上：收集数据，组织数据，分析数据，提取信息，解释数据以及在开发数据的过程中有效地使用信息来解释问题，做出判断并形成数据意识。"习惯于说话"和处理问题意味着可以使用信息来处理问题。

（2）注意统计过程。无论高中数学必修的三门课程还是选修的 2~3 门课程，统计教学都关注这一过程。通过实际案例教学，体验统计活动的过程：收集数据，使用图表组织数据、分析数据，从数据中提取信息以及使用数据信息进行统计推断。在统计过程中，体验统计的随机思想及其重要作用。

（3）统计是一种归纳思维。统计思维是一种使用样本信息来估计总体信息的思维方法。在统计过程中，通过收集数据，使用图形来组织数据，分析数据，找出数据的数字特征用于统计推断。该过程是通过对采样数据的处理从采样信息中推断出整体信息的过程。这是一个"从部分到整体"归纳的过程。

（4）随机的过程。统计思维是一种不确定性思维，具有很强的随机性。随机思维渗透到统计过程中，这是理解和解释统计规律和随机现象的重要思想。例如，当完成统计问题收集数据的第一步时，可以使用不同的抽样方法来收集数据，但是无论简单的随机抽样还是分层抽样，都意味着随机性，这是因为绘制的样本对象是随机且不确定的，随机思想是解释统计问题的基本思想。

我们生活在数字时代，时常必须处理各种数据。为了解决现实生活中遇到的许多问题，我们经常需要收集相关数据。在实际的数据收集过程中，通常很难对收集对象进行全面调查。例如，检查某种饮料中的细菌含量是否超过标准；检查玉米试验田中植物的平均高度；检查影响农作物产量的具体原因；检查中学生零用钱的平均每月消费量；检查电视台的某个栏目具体收视率是多少；等等。包含在这些调查对象中的数量通常非常大，甚至是无限的，因此，很难甚至根本无法对它们进行逐一检查。另外，还有一些情况，例如，为了调查一批灯泡的质量，有必要逐批检查一批灯泡。实际上，对每个灯泡的检查都是破坏性的。这是因为测试单个灯泡必须被销毁，所以不可能并且没有必要一个接一个地检查这批灯泡。因此，不可能真正地逐一检查。调查收集到的物体的真正目的是掌握实际情况并为决策提供现实依据。例如，掌握学生的课堂表现就是帮助教师发现自己的教学质量水平，了解教学过程中的问题，并检查学生对所学知识的掌握程度，以利于教师提高他们的学习水平。教师的教学方法和学生的学习风格及态度，了解学生在课堂上的学习成绩实际上并不需要全面分析每个学生的具体表现，也不需要将每个学科的平均成绩精确到某个小数点。此外，在现实生活中，资金和时间有限，人力和财力不足，外部环境也在不断变化。通常不可能对总体情况进行全面调查。一般而言，情况越详细和全面，就需要越多的人力、物力和财力。因此，过度追求全面性有时会导致"得不偿失"。

正因如此，在统计过程中，我们通常将收集数据的对象限制在人口的某些样本中，并通过检查样本数据来估计总体信息。例如，考虑使用样本的频率分布来估计总体的频率分布，使用样本均值来估计总体平均值，使用样本标准差来估计总体标准差等。

四、"回归"一词的来源

高尔顿（Framcia Galton，1882—1911）早年在剑桥大学学习医学，但是医学专业对他并没有吸引力。他研究了各个学科（气象学、心理学、社会学、教育学、指纹学等）。1865 年后，他的主要兴趣转向了遗传学，这可能受他表弟达尔文（Darwin）的影响。

自 19 世纪 80 年代以来，高尔顿一直在考虑父母与后代之间的相似性，例如身高、个性和其他特殊系统的相似性。因此，他选择父母的平均身高 X 与孩子的身高 Y 之间的关系作为研究对象。他观察了 1074 对父母和每对父母的一个儿子，并将结果绘制为散点图，发现趋势几乎是一条直线。一般而言，当父母的平均身高 X 增加时，其子女的身高 Y 也趋于增加，这是预期的结果。但有趣的是，高尔顿发现，当 1074 对父母的平均身高为 68 英寸（英国计量单位为 1 英寸＝2.54 厘米）时，1074 个儿子的平均身高为 69 英寸，即比父母的平均身高多 1 英寸。因此，他推断，当父母的平均身高为 64 英寸时，1074 个儿子的平均身高应为 64＋1＝65（英寸）；如果父母的身高为 72 英寸，则儿子的平均身高应为 72＋1＝73（英寸），但观察结果与此不符。高尔顿发现，儿子的平均身高为 67 英寸，比父母的平均身高高 3 英寸，而儿子的平均身高为 71 英寸，比父母的平均身高低 1 英寸。

高尔顿在这项研究之后的解释是，自然具有约束力，可以使人的身高在一段时间内保持相对稳定，高度倾向于返回中心。由于这种性质，高尔顿在问题的讨论中引入了"回归"一词，这是"回归"名称的由来。

回归分析是定量统计中常用的方法。测量数据处理中存在许多问题，需要回归建模来处理变量之间的相关性，并使用数学模型来表达这种关系。回归模型分为线性回归模型和非线性回归模型。当变量之间的关系为线性时，称为线性回归模型，否则称为非线性回归模型。线性回归模型是整个回归分析中最重要的部分，因为所有对复杂回归问题的研究都始于线性回归。

五、雅各布·伯努利简介

雅各布·伯努利（Jakob Bernoulli）被公认为概率论的先驱之一，在数学上的贡献涉及微积分、微分方程、无穷级数求和、解析几何、概率论以及变分法等领域，最突出的贡献是在概率论和变分法这两个领域中。

1654 年 12 月 27 日出生于瑞士巴塞尔，雅各布·伯努利来自商人家庭。他毕业于巴塞尔大学，并于 1671 年获得神学硕士学位。后来，根据父亲的意愿，他获得了神学硕士学位。然而，尽管遭到父亲的反对，他还是自学了数学和天文学。雅各布·伯努利在 1678 年和 1681 年两次赴欧洲学习，使他与许多数学家和科学家接触，从而丰富了他的知识并扩大了他的兴趣。他于 1682 年回到巴塞尔，开始任机械师。1687 年，雅各布·伯努利成为巴塞尔大学的数学教授。直到他去世，他一直担任巴塞尔大学数学系主任。

雅各布·伯努利一生中最具创造力的作品是 1713 年出版的《猜度术》，这是组合数学和概率论历史上的重大事件。他在其中提出了"伯努利定理"，这是大数定律的最早形式。

六、孟德尔遗传实验

18 世纪末 19 世纪初，美国和欧洲国家的植物育种者进行了大量杂交试验，以提高农作物的产量。一些学者在研究中取得了重要进展，并提出还未认识遗传学中的关键问题。例如，奈特（Knight）选择豌豆进行杂交实验，并意识到使用豌豆作为实验材料具有许多优势。豌豆有许多具有不同特征的品种。它是严格自花授粉的物种，很容易区分后代的性状表现。特别是，奈特首次发现豌豆种子的灰色主导白色。杂交种子和白色种子用于回交，后代中有灰色和白色两种种子。可惜他没有计算这两种种子的数量比。

克尔罗伊特是第一位从事植物系统杂交研究的科学家。他成功地将黄花烟草与另一种烟草杂交，并获得了一种中间类型的杂种。他还建议使用杂交体与亲本反复回交，并且可以将杂交体转化为亲本。

盖尔特纳分析了 9000 多个实验的结果，并得出结论，如果使用混合花粉进行授粉，则后代将没有混合性状。他认为，只有一种花粉受精，并且每个花粉粒都是独立起作用的。两种不同类型的胚胎不在同一胚珠中形成。

萨叶里使用西葫芦作为杂交实验时，首先将两个没有相对性状的组杂交后获得的杂种既没有混合性状，也没有中间类型，它们的表现与亲本之一完全相同。杂种的每个性状对于另一个性状都是显性的。他认为，杂种之所以像其父母，并不是因为每个父母的各种特征直接融合在一起，而是因为这些特征是均匀分布或不均匀分布的。大自然使得其产品具有无限的多样性，避免单调的方法非常简单，就是以不同的方式组合特征的组合和分布，从而可以产生无数种变体。萨叶里的贡献是进一步阐明一种特点与另一种特点之间的主导关系以及特点的独立分配。

孟德尔遗传学包含两个基本定律：分离定律和自由组合定律，统称为"孟德尔遗传规律"的两个基本规律。

分离法：决定配子形成的一对等位基因，它们分别决定了生物的遗传特征，并分别进入配子。

自由组合的规律：相对性状两对（或多对）的父母，配子在后代中产生之间交叉，对非同源染色体的基因将被自由而等位基因分离组合。

孟德尔整个研究过程实质上都是利用频率的稳定性。根据统计结果，获得频率，并进一步估计概率，从而建立一个数学模型来揭示统计结果背后的遗传规律。

七、天气的认识过程

"人无远虑，必有近忧"。自古以来，我们的祖先不断在勘察自然的真相，渴望能预知未来。几千年来，水手、渔民、农民和猎人一直在观察云、风等天象来预测天气并探索做出天气预报。天气预报已成为一门民间艺术。它不仅能观测太阳、月亮和星星的变化，还能记录过去和现在的各种自然现象，并将总结的经验与当前的观测结果结合起来进行天气预报。《三国演义》中描述的故事，就是用东风和大雾天的草船借箭射杀了曹军的军舰，都是因为诸葛亮了解了长江流域的气候特征和异常的天气变化。在军事上应用了短期天气预报。15 世纪的压板风速仪，唐玄宗皇帝使用的风翔旗和清道光时期的凤翔鸟都是早期的风向或风向观测设备，表明风向仪是天气预报不可或缺的手段。

在过去的一百年中，一些气象领导者充分利用了大规模地面和高空气象观测数据与数学方法的结合，有效地促进了天气预报理论的发展和天气预报业务的发展。其中，挪威学派和芝加哥（或美国）学派为全球气象科学的发展做出了杰出贡献。

现代天气预报的特点是现代检测技术（气象卫星和气象雷达）和高速计算机支持的数值天气预报模型，逐渐取代了传统的天气预报。这些技术和方法在天气预报中的应用大约始于 20 世纪 50 年代。

八、蒙特卡罗方法

蒙特卡罗方法又称为统计模拟方法和随机抽样技术，是一种随机模拟方法，它是一种基于概率和统计理论的计算方法。它使用随机数（或更为常见的伪随机数）来解决许多计算问题，将要解决的问题与某个概率模型联系起来，并使用电子计算机实现统计仿真或抽样以获得问题的近似解。

例如，考虑一个在平面上边长为 1 且内部有不规则形状的"图形"的正方形。如何找到这个"图形"的面积？将 N 个点"随机"扔到正方形上，如果 M 个点落在"图形"内，则"图形"的面积约为 M/N。蒙特卡罗法就是这样的"随机化"方法。

蒙特卡罗方法最早由乌拉姆和冯·诺依曼提出。冯·诺依曼用摩纳哥赌场蒙特卡罗（Monte Carlo）命名，这给它带来了一层神秘感。在此之前，蒙特卡罗方法已经存在。例如，1777 年，法国数学家布冯（Georges Louis Leclere de Buffon，1707—1788）提出使用抛针试验来确定 π。

蒙特卡罗方法通过构造符合某些规则的随机数来解决各种数学问题，对于那些由于计算过于复杂而难以获得解析解或根本没有解析解的问题，蒙特卡罗方法是一种获得数值解的有效方法。蒙特卡罗方法在数学中最常见的应用是蒙特卡罗积分，蒙特卡罗算法表明，样本越多，越接近最优解。

九、概率与密码

自古以来，文件的机密性在军事、政治和经济方面一直都非常重要。如果文件泄露，则可能导致战斗失败，造成重大经济损失，甚至使该国灭亡。为了确保安全性，机密文件的传输通常以"密文"进行。

密文的设计通常利用密码转换。以传输命令为例，"We will start the fight at eleven o'clock on Wednesday"。显然，这应该在传输过程中完成，即使敌人得到了此命令，它也不知道其含义。最早的加密方法是由伟大的罗马军事战略家和政治家恺撒（Gaius Julius Caesar，公元前 100—公元前 44）发明的。他设计了一种方法，将密文中的每个字母替换为按字母顺序向后移三位的字母。使用此方法编译上面的命令并获取"Zh zloo vwduw wkh iljkw dw hohyhq r'forfn rq Zhgqhvgdb"。如果你不知道替换规则，就很难理解其含义，只要发送方和接收方都知道对应表，就可以使用对应 1~26 个自然数的字母或其他代码来发送密文。

这种方法已经使用了很长时间，并且有人已经掌握了解密方法。你知道怎么解密吗？

根据我们对概率的了解，可以破解此密码。经过研究，人们发现英语书面字母的出现频率基本固定。如下表所示：

字母	A	B	C	D	E	F	G	H	I
频率	0.0816	0.0155	0.0223	0.0463	0.1231	0.0237	0.0198	0.0671	0.0669
字母	J	K	L	M	N	O	P	Q	R
频率	0.0008	0.0068	0.0354	0.0273	0.0673	0.0795	0.0156	0.0006	0.0555
字母	S	T	U	V	W	X	Y	Z	
频率	0.0578	0.0977	0.0281	0.0112	0.0278	0.0014	0.0206	0.0004	

从表中可以看出，不同字母出现的频率是不同的，这是英语书面语言的重要特征。在文章中，字母"E"平均出现在所有字母中大约占12%，"T"大约占9.7%，而"J"的出现则远小于1%。如果您掌握了该规律，通过分析使用密码编写的密文中字母的频率，使用上述规律进行解密密文就会更容易。

所以，尽管密码是神秘的，但只要我们对概率有所了解，就可以对其进行编译和解密。

第四节　必修四

一、三角学与天文学

早期的解三角形是因天文观测的需要而引起的。还在很早的时候，由于繁殖和畜牧的需要，人们就开始做长途迁移；后来，贸易的发展和求知的欲望，又推动他们长途旅行。当时，这种迁移和旅行是一种冒险行为。人们穿越无边无际、荒无人烟的草地和原始森林，或者经水路沿着海岸线做长途航行，无论哪种方式，都首先要明确方向。那时，人们白天拿太阳作路标，夜晚则以星星为指路灯。太阳和星星给长期跋山涉水的商队指出了正确道路，也给那些沿着遥远的异域海岸航行的人指出了正确方向。

就这样，最初的以太阳和星星为目标的天文观测，以及为这种观测服务的原始的三角测量就应运而生了。因此，可以说三角学是紧密地同天文学相联系而迈出自己发展史的第一步。

1450 年以前，三角学研究目的是为天文学服务，三角学知识通常被记录在天文著作的某个章节中。直到文艺复兴时期开始，三角学才逐渐发展为一门独立的数学学科。欧洲第一部完全论述三角学的课本名为《论各种三角形》。

1464 年，雷格蒙塔努斯发表《论各种三角形》一书，他基于欧氏几何，按照《几何原本》的模式用定义和公理开头来精心组织材料，用公理、《几何原本》中的结论或书中前面的结论来证明每一个定理。大多数定理都有附图，还有解释性的具体例题。雷格蒙塔努斯的三角学是以弧的正弦为基础，正弦的定义是二倍弧的半弦。

二、向量与向量符号

向量又称为矢量，最初被应用于物理学。很多物理量如力、速度、位移以及电场强度、磁感应强度等都是向量。大约公元 350 年前，古希腊著名学者亚里士多德就知道了力可以表示成向量，两个力的组合作用可用著名的平行四边形法则来得到。"向量"一词来自力学、解析几何中的有向线段。最先使用有向线段表示向量的是英国大科学家牛顿。

课本上讨论的向量是一种带几何性质的量，除零向量外，总可以画出箭头表示方向。但是在高等数学中还有更广泛的向量。例如，把所有实系数多项式的全体看成一个多项式空间，这里的多项式都可以看成一个向量。在这种情况下，要找出起点和终点甚至画出箭头表示方向是办不到的。这种空间中的向量比几何中的向量要广泛得多，可以是任意数学对象或物理对象。这样，就可以指导线性代数方法应用到广阔的自然科学领域中去了。因此，向量空间的概念，已成了数学中最基本的概念和线性代数的中心内容，它的理论和方法在自然科学的各领域中得到了广泛的应用。而向量及其线性运算也为"向量空间"这一抽象的概念提供了一个具体的模型。

从数学发展史来看，历史上很长一段时间，空间的向量结构并未被数学家们所认识，直到 19 世纪末 20 世纪初，人们才把空间的性质与向量运算联系起来，使向量成为具有一套优良运算通性的数学体系。

向量能够进入数学并得到发展，首先应从复数的几何表示谈起。18 世纪末期，挪威测量学家威塞尔首次利用坐标平面上的点来表示复数 $a+bi$，并利用具有几何意义的复数运算来定义向量的运算。把坐标平面上的点用向量表示出来，并把向量的几何表示用于研究几何问题与三角问题。人们逐步接受了复数，也学会了利用复数来表示和研究平面中的向量，向量就这样平静地进入了数学。

但复数的利用是受限制的，因为它仅能用于表示平面，若有不在同一平面上的力作用于同一物体，则需要寻找所谓三维"复数"以及相应的运算体系。19 世纪中期，英国数学家汉密尔顿发明了四元数（包括数量部分和向量部分），以代表空间的向量。他的工作为向量代数和向量分析的建立奠定了基础。随后，电磁理论的发现者，英国的数学、物理学家麦克斯韦把四元数的数量部分和向量部分分开处理，从而创造了大量的向量分析，其实也就是数量的意义不足以研究这个世界，必须定义一种能够表示方向的量，在空间几何以及别的很多领域中，向量使量不仅具有了大小，而且有了方向，更利于人们研究世界。

第五节　必修五

一、海伦与秦九韶

我们都知道，从确定性的角度来看，在给定三角形三条边长度的情况下一定能求出三角形的面积。那么，除了常用的三角形面积计算公式 $S =$ 底 $\times$ 高 $\div 2$ 外，还有其他方法吗？以解决几何测量问题而闻名的古希腊几何学家海伦（Helen）提出了一个计算三角形面积的公式：如果三角形的三个边分别是 a，b 和 c，记 $p = \dfrac{a+b+c}{2}$，则三角形的面积为 $S = \sqrt{p\,(p-a)\,(p-b)\,(p-c)}$。

海伦在著作《度量论》（或称《测地术》）一书中，给出了公式证明过程，该公式称为"海伦公式"。

在南宋，著名的数学家秦九韶在他的《数书九章》中提出了"三斜积分"，这也是通过了解三边来求三角形面积的公式，它被称为"秦九韶公式"。方法是："若将三角形的三条边分别称为小斜（记为 a）、中斜（记为 b）和大斜（记为 c），以小斜幂并大斜幂减中斜幂，余半之，自乘于上。以小斜幂乘大斜幂减上，余四约之，为实；一为从隔，开平方得积"，如果将上面写成公式，那就是 $S = \sqrt{\dfrac{1}{4}\left[a^2b^2 - \left(\dfrac{a^2+b^2-c^2}{2}\right)^2\right]}$。

秦九韶，字道古，鲁郡（今河南范县）人，中国古代数学家。南宋嘉定元年（1208）生；约景定二年（1261）被贬至梅州，咸淳四年（1268）二月，在梅州辞世，时年 61 岁。

秦九韶其父秦季栖，进士出身，官至上部郎中、秘书少监。秦九韶聪敏勤学。宋绍定四年（1231），秦九韶考中进士，先后担任县尉、通判、参议官、州守、同农、寺丞等职，在湖北、安徽、江苏、浙江等地做官，1261 年左右被贬至梅州，不久死于任所。他在政务之余，对数学进行潜心钻研。

秦九韶在数学上的主要成就是系统地总结和发展了高次方程数值解法和一次同余组解法，提出了相当完备的"正负开方术"和"大衍求一术"，达到了当时世界数学的最高水平。他广泛搜集历学、数学、星象、音律、营造等资料，进行分析研究。宋淳祐四至七年（1244—1247），他在为母亲守孝时，把长期积累的数学知识和研究所得加以编辑，写成了闻名世界的巨著《数书九章》，并创造了"大衍求一术"，被称为"中国剩余定理"。他所论的"正负开方术"，被称为"秦九韶程序"。世界各国从小学、中学到大学的数学课程，几乎都接触到他的定理、定律和解题原则。

二、斐波那契数列

1. 从爬楼梯开始

假设有 10 级楼梯，一步可以跨 1 级、2 级楼梯，请问爬完 10 级楼梯一共有多少种不同的爬法？

1 级楼梯：1 种

2 级楼梯：2 种

3 级楼梯：3 种

4 级楼梯：5 种

5 级楼梯：8 种

不妨这么思考，比如 5 级楼梯，第一步可以怎么走呢？可以有两种走法：一种是跨 1 级楼梯，那还剩下 4 级楼梯，有 5 种走法；另一种是跨 2 级楼梯，则剩下 3 级楼梯，有 3 种走法。根据加法原理，那么 5 级楼梯一共有 $5+3=8$ 种爬法。

推广一下，假设 n 级楼梯的爬法为 $f(n)$ 种，那么第一步可以跨 1 级楼梯，剩下 $n-1$ 级楼梯，有 $f(n-1)$ 种爬法，第一步也可以跨 2 级楼梯，剩下 $n-2$ 级楼梯，有 $f(n-2)$ 种爬法，因此，$f(n)=f(n-1)+f(n-2)$。这就是斐波那契数列的递推关系。

当然，就这一题本身，还有不同的解法。没有想到递归，很多人可能会将这一问题转换为：有多少种不同的 1 和 2 的有序组合，使得其相加之和为 10？

可以这样来解这个问题：

有序组中包含 10 个元素，即不包含 2：1 种（10 个 1）。

有序组中包含 9 个元素，1 个 2 和 8 个 1：9 种（2 出现在 9 个位置中的任何一个）。

有序组中包含 8 个元素，2 个 2 和 6 个 1：28 种（8 个位置选 2 个位置放 2）。

有序组中包含 7 个元素，3 个 2 和 4 个 1：35 种（7 个位置选 3 个位置放 2）。

有序组中包含 6 个元素，4 个 2 和 2 个 1：15 种（6 个位置选 2 个位置放 1）。

有序组中包含 5 个元素，5 个 2：1 种。

总计 $1 + 9 + 28 + 35 + 15 + 1 = 89$（种），与斐波那契递推得到的答案一致。

但这种解法的问题在于其扩展性差。问题存在于以下两个方面：

如果是 100 级楼梯而非 10 级楼梯，那么上面的分析数量就会大幅增加；如果每一步可以跨的级数增加，例如可以跨 1 级、2 级、3 级，那么上面的分析复杂度将呈几何级数增长，而如果采用递推分析法，则很简单，就是 $f(n) = f(n-1) + f(n-2) + f(n-3)$。

2. 斐波那契数列的由来

公元前斐波那契数列在印度就已经被提出，在欧洲由公元 12 世纪的意大利数学家莱昂纳多·斐波那契以兔子繁殖为例子引入，因而又被称为"兔子数列"。

假如兔子在出生两个月后就有繁殖能力，一对兔子每个月能生出一对小兔来，如果所有兔子都不会死，那么 12 个月后一共有多少对兔子？

斐波那契数列在自然科学的其他分支有许多应用。例如，树木的生长，由于新生的枝条，往往需要一段"休息"时间，供自身生长，而后才能萌发新枝。所以，一株树苗经过一段间隔（例如一年）以后长出一条新枝；第二年新枝"休息"，老枝依旧萌发；此后，老枝与"休息"一年的枝同时萌发，当年生的新枝则次年"休息"。这样,一株树木各个年份的枝丫数,便构成斐波那契数列。这个规律就是生物学上著名的"鲁德维格定律"。

3. 斐波那契数列与黄金分割

斐波那契数列的有趣之处在于它的通项公式:$f(n) = \frac{1}{\sqrt{5}}\left[\left(\frac{1+\sqrt{5}}{2}\right)^n - \left(\frac{1-\sqrt{5}}{2}\right)^n\right]$。

一个整数序列,通项公式竟然用无理数表达。更重要的是,这个无理数很特别!

斐波那契数列的前一项和后一项之比无限接近一个数:黄金分割,即 0.618. 不信可以试几个:$1 \div 1 = 1$,$1 \div 2 = 0.5$,$2 \div 3 = 0.666\cdots$,$3 \div 5 = 0.6$,$5 \div 8 = 0.625$,$55 \div 89 = 0.617977\cdots$,$144 \div 233 = 0.618025\cdots$,$46368 \div 75025 = 0.61803398867$. 这个极限可以用数学的方法证明,在此略去。

公元前 4 世纪,古希腊数学家欧多克索斯第一个系统地研究了黄金分割的问题,并建立起比例理论。他认为黄金分割,指的是把长为 L 的线段分为两部分,使其中一部分对于全部之比,等于另一部分对于该部分之比。而计算黄金分割最简单的方法,即是计算斐波那契数列 0,1,1,2,3,5,8,13,21,… 第二位起相邻两数之比。

人们发现,按 0.618:1 来设计的比例画出的画最优美,在达·芬奇的作品《蒙娜丽莎》和《最后的晚餐》中都运用了黄金分割。而现今的女性,腰身以下的长度平均只占身高的 0.58,因此,古希腊的著名雕像《断臂维纳斯》及《太阳神阿波罗》都通过故意延长双腿,使之与身高的比值为 0.618。建筑师们对数字 0.618 特别偏爱,无论古埃及的金字塔还是巴黎的圣母院,或者是近世纪的法国埃菲尔铁塔、希腊雅典的帕特农神庙,都有黄金分割的足迹。

如果我们把斐波那契数列作为一个个正方形的边长,按照图 6-2 的方式拼起来,并按照图示方式画出曲线,那就得到了"斐波那契螺旋",这一螺旋是黄金螺旋的最佳近似。

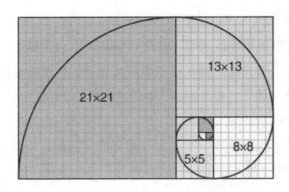

图 6 – 2

　　神奇的是，在大自然中，小到动植物，大到星云，都呈现出这一螺旋。这一神秘的数字，把看似毫不相干的大自然完美地串联在一起。

图 6 – 3

三、九连环

　　九连环是中国最杰出的益智游戏。长期以来，这个益智游戏是数学家及现代的电子计算机专家们用于教学研究的课题和例子。

　　九连环由九个相互连接的环组成，这九个环套在一个中空的长形柄中。九连环的玩法是要将这九个环从柄上解下来。解下所有九个环需要 341 步，因此，人们需要有耐心。但是，九连环的解法是很有规律的，一旦琢磨出解法，解九连环并不难，而且不会忘记。

1. 历史上的连环

九连环的起源年代难以确定，但是"解连环"这个概念起码在战国时期（公元前475—公元前221）就存在于中国文化中。虽然哲学家惠施（公元前380—公元前305）的"连环可解也"中的确切意义没有流传下来，但是其命题中的悖论是存在的。

在汉代（公元前206—公元前220）编订的《战国策·齐策》中有这样一个故事：秦始皇常使使者遗君王后玉连环，曰："齐多知，而解此环不？"君王后以示群臣，群臣不知解。君王后引椎椎破之，谢秦使，曰："谨以解矣。"

明代（1368—1644）的杨慎（1488—1559）在他的《丹铅总录》中对《战国策》中齐王后以椎破环而解连环不以为然，他写道："此著书者问其事而不详其事。谬云引鎚椎破之。若如此，则一愚妇人能之，何以称多智而服强秦哉。今按连环之制，玉人之巧者为之。两环互相贯为一，得其关捩解之为二，又合而为一。今有此器，谓之九连环，以铜或铁为之，以代玉。闺妇孩童以为玩具。"这也是现存中国文献中最早提到的九连环。

西方最早描述九连环的是意大利数学家卢卡·帕乔利（Luca Pacioli，1445—1517）。他是达·芬奇的朋友。他在1510年的论文"数的次幂"（De Veribus Quantitatis）中描述了九连环。帕乔利称"它可以是三环的，或者是更多的环"，并为七连环作解。帕乔利的论文仅仅比杨慎的文章早几年。因此，给我们提出了疑问：九连环起源于东方还是西方？在没有确凿的证据前，这个结论还无法作出。

2. 皇宫中的连环和九连环

清朝（1644—1911）的康熙（1661—1722年在位）皇帝在1713年六十大寿盛典时，收到的礼物中就有一个玉制九连环。这个九连环是康熙的一个孙女进献给他的。这个孙女是康熙第七子淳郡王的第三个女儿，当时只是个小孩子。

中国的末代皇帝溥仪（1906—1967）也曾有一个精美的由九个翡翠环相连的九连环。

四、$\sqrt{2}$的发现

公元前 470 年，毕达哥拉斯学派的一个成员希帕索斯考虑了一个问题：一个边长为 1 的正方形的对角线长度是多少？他发现该长度既不能用整数表示，也不能用分数表示。

我们可以想象希帕索斯的工作方式：假设正方形的边长为 1，对角线长度为 L。根据勾股定理，$L^2 = 1^2 + 1^2$，即 $L^2 = 2$，那 L 不是整数。根据毕达哥拉斯学派的观点，宇宙中的所有事物都可以简化为一个整数或整数之比，L 只能是两个整数之比，希帕索斯试图找出两个整数的比率，但无济于事。最后，他得出结论，这个正方形的对角线既不是整数也不是整数的比率，而是它们从未接触过的新数字。

$\sqrt{2}$的诞生是人类对数字的理解的一次重大飞跃，被称为数学史上的重大发现之一。面对这个小家伙，毕达哥拉斯陷入了深刻的矛盾和焦虑中。一方面，他想坚持学派的教条，并试图否认和拒绝接受它，但是希帕索斯的推理是完全合理的；另一方面，如果他同意并接受，那就等于动摇学派信念的根基。

这一发现对毕达哥拉斯来说是致命的，他将彻底推翻自己的数学和哲学，陷入困境时，他决定在学派内部屏蔽此消息，并阻止其传播到外部世界，以维持其数学和哲学。但是，执着的希伯索斯仍然把这一发现泄露出去了。在当时的人们眼中，对希伯索斯的发现被认为是"荒谬的"。它不仅严重违反了毕达哥拉斯学派的信条，而且还影响了当时希腊人的传统观点和常识，希伯索斯因泄露这一发现而被扔进海中溺水身亡。

五、高斯求和

高斯上小学四年级时，老师曾经问一个问题："将 1 到 100 的自然数相加，总和是多少？"老师出完题后，全班同学都在埋头苦算，才 10 岁的小高斯经过一番思考后得到了 5050 的答案。这使老师感到非常惊讶，那么高斯是用什么方法巧妙地计算出来的？原来小高斯通过细心观察发现：

$1 + 100 = 2 + 99 = 3 + 98 = \cdots = 49 + 52 = 50 + 51$，1 ~ 100 正好可以分成这样的 50 对数，每对数的和都相等，于是这道题就变成：$(1 + 100) \times 50 = 5050$。

那进一步，可否用类似方法计算：$1 + 2 + 3 + \cdots\cdots + 101 = ?$

类似有：$1 + 101 = 2 + 99 = 3 + 98 = \cdots = 50 + 52$，这样中间的 51 就剩下了，

但是 $\dfrac{1+101}{2} = \dfrac{2+100}{2} = \dfrac{3+99}{2} = \cdots\cdots = \dfrac{50+52}{2} = 51$

$1 + 2 + 3 + \cdots\cdots + 101 = （1 + 101）\times 50 + 51 = 51 \times 101 = 5151$

为避免奇偶情况的不同，将上述思想进一步推广，得到倒序相加法：

$$S_{100} = 1 + 2 + \cdots + 99 + 100$$

$$S_{100} = 100 + 99 + \cdots + 2 + 1$$

将两式相加：

$$2S_{100} = 101 + 101 + \cdots + 101 + 101$$

$$S_{100} = \dfrac{101 \times 100}{2} = 5050$$

对于另一种情况：

$$S_{101} = 1 + 2 + \cdots + 99 + 100 + 101$$

$$S_{101} = 101 + 100 + 99 + \cdots + 2 + 1$$

将两式相加：

$$2S_{101} = 102 + 102 + \cdots + 102 + 102$$

$$S_{101} = \dfrac{102 \times 101}{2} = 5151$$

由此，可进一步往下推导出等差数列前 n 项和公式。

六、国际象棋与麦粒

印度有一个古老的传说：舍罕国王打算奖励国际象棋宰相西萨·班·达依尔的发明者。国王问他想要什么，他对国王说："陛下，请在此棋盘的第一个小格子中给我 1 粒小麦，在第二个小格子放 2 粒小麦，第三个小格子放 3 粒小麦，后面的每个网格都将是上一个谷物的两倍。请像这样用木板上的所有 64 网格小麦来奖励您的仆人！"国王觉得这个要求太简单了，下令给他这些谷物。当人们一袋又一袋地放上小麦并开始数数时，国王发现即使将印度乃至整个世界的小麦全拿来也无济于事。

那么，宰相需要多少谷物？总计为：

$$1 + 2 + 4 + 8 + \cdots + 2^{63} = 2^{64-1} = 18446744073709551615$$

第 1，2，3，4，…，64 格

估计两千多年以来世界上都很难生产出如此多的小麦！

与此非常相似，还有另一个古老的印度传说：在世界中心的贝纳雷斯（印度北部）的圣殿中，在黄铜板上插入了三枚宝石针。

当印度教的主要神梵天创造世界时，从下到上的一根针上都穿了 64 个大小不一的金块，这就是所谓的梵天塔。无论白天或黑夜，总会有修士按照以下规则移动这些金块：一次仅一次，无论哪根针在上面，小块都必须在大块的顶部。当所有的金币从梵天佩戴的针头移到另一根针头上时，整个世界将被雷电摧毁，太阳和众生将一起灭亡。

不管这个传说是否可信，如果你考虑将 64 片亮片从一根针移到另一根针，并保持上下顺序，那么总共需要移动多少次？这里需要递归的方法。假设有 n 片，移动次数设为 $f(n)$，显然 $f(1)=1$，$f(2)=3$，$f(3)=7$，且 $f(k+1)=2f(k)+1$，不难证明 $f(n)=2^n-1$，则 $f(64)=2^{64}-1$。

总次数是 18446744073709551615 次。这与"小麦问题"的计算结果完全相同！如果每秒移动一次，则总共需要多长时间？一年大约需要 31556926 秒，计算表明，移动这些亮片将花费超过 5800 亿年！

七、莱茵德纸草书

1856 年 1 月，考古学家莱茵德教授打算去埃及度过冬天，与此同时，他还对埃及金字塔进行了检查，以期发现与金字塔有关的各种未解之谜。经过几天的探索，虽然没有新发现，但他在当地农民的家中发现了一卷草纸，长超过 5 米，并用符号和算式密集地书写，教授非常好奇，因此，他以高价购买了草纸，然后将其带回实验室进行研究。几个月之后，莱茵德教授发现了草纸的秘密，原来是古埃及的莎草纸，最令人兴奋的结果不是发现最古老的莎草纸，而是记录在莎草纸上的内容，他发现莎草纸上所写的是数学公式，其中黑色手写体是标题，红色手写体是问题的解决方案。

《莱茵德纸草书》是公元前 1650 年左右的埃及数学著作，是世界上最古老的数学著作之一，作者阿默斯。内容似乎是基于较早的教科书（公元前 1849—

公元前 1801），当时是为贵族、祭司等知识分子而写的，最早是在埃及的底比斯遗址中发现的。它是由英国埃及学者莱茵德在 1858 年购买的，因此而得名，现在藏于伦敦大英博物馆。

莱茵德的草书是理解当时埃及数学的基础，它准确地反映了当时埃及数学知识的状况，并清楚地反映了埃及数学的实用性，它为我们如何看待数学起源提供了很大的启发。

莱茵德纸草书其中一个问题："7 个房间，每个房间有 7 只猫，每只猫抓 7 只老鼠，每只老鼠要吃掉 7 穗谷物，每穗谷物若被播种，能收获 7 加仑粮食，请问本题中提及东西的总数量？"这是草书的问题，有 84 个类似的问题，标题写道：通晓计算高招，掌握事物内涵，解开一切秘密与难题。

第六节　选　修

一、微积分的创立

微积分的发展经历了很长的历史过程。早在公元前 5 世纪，随着德谟克利特建立了数学原子理论，巧辩派学者安提丰提出使用穷竭法来找到一个圆的面积。希腊伟大的数学家欧多克斯提出了"阿基米德公理"等一系列措施，预示着微积分已经发芽。

在 15 世纪的欧洲，由于工业革命等一系列改革，社会生产的面貌发生了巨大变化。天文学、物理学、力学等提出了许多数学知识需要解决的问题。这些问题主要可以概括为四个方面：第一，已知距离表示为时间的函数，需要物体的速度；第二，确定物体在其轨迹上任何一点的运动，并找到曲线的切线；第三，找到函数的最大值和最小值；第四，找到曲线所包围的面积，曲面所包围的体积等。

微分和积分这两个概念统称为微积分，微积分的发展大致可以分为五个阶段：

第一阶段，古希腊到 17 世纪上半叶，这是微积分的萌芽和酿造阶段。数学家们用自己的辛勤工作和汗水，智慧和知识为微积分的创建奠定了坚实的基础。

第二阶段，17 世纪末期，牛顿和莱布尼茨在前人的不断努力下，根据前人的研究成果，独立地建立了微积分。

第三阶段，18 世纪，经过科学家数十年的不断研究，微积分技术得到了广泛的应用。例如，微积分的出现允许解决天体物理学中的许多公式，并且已经开发了许多物理力学理论等。

第四阶段，19 世纪，科学家们进行了进一步研究，并成功地将微积分应用于数学。代表人物包括柯西、维特拉斯、伯努利兄弟等。从那时起，微积分已经从解决实际问题的工具变成了严格而真实的学科。

第五阶段，在 19 世纪后期，微积分的不断发展带来了数学中许多新的分支，例如微分几何、微分方程、积分方程和泛函分析、无穷级数、数学分析等。

二、哥德巴赫猜想

哥德巴赫在 1742 年给欧拉的信中，哥德巴赫提出了以下猜想：任何大于 2 的整数都可以写成三个质数之和，但是无法亲自证明它，因此，他写信请著名的数学家欧拉来证明它，但是欧拉也无法证明它。不过，欧拉在回信中给出一个等价版本："任一大于 2 的偶数分解为两个质数的和"，今日常见的猜想陈述为欧拉的版本。

华罗庚是中国第一位参与哥德巴赫猜想的数学家。从 1936 年到 1938 年，他去了英国学习，在哈代的带领下研究了数论，并开始研究哥德巴赫猜想，并验证了几乎所有偶数猜想。

1950 年，华罗庚从美国回到中国，并在中国科学院数学研究所组织了一次数论研讨会，选择哥德巴赫猜想作为讨论的主题。参加研讨会的学生，如王元、潘承洞和陈景润，在哥德巴赫猜想的证明上取得了相当不错的成绩。

1956 年，王元证明了"3 + 4"。同年，苏联数学家阿·维诺格拉朵夫证明了"3 + 3"。1957 年，王元证明了"2 + 3"。1962 年，潘承洞证明了"1 + 5"。1963 年，潘承洞、巴尔巴恩与王元又都证明了"1 + 4"。1966 年，陈景润对筛分方法进行了新的重要改进后，他证明了"1 + 2"，即证明任何足够大的偶数都可以表示为两个数之和，其中一个是质数，另一个是质数或两个质数的乘积，称为"陈氏定理"。

三、伽罗瓦 - 群的概念

（一）伽罗瓦

埃瓦里斯特·伽罗瓦于 1811 年 10 月 25 日出生于法国巴黎附近的布尔 - 拉 - 林（Bourg - la - Reine）。

1829 年 10 月，伽罗瓦进入师范大学学习，但由于革命中的激进言行，伽罗瓦于 1830 年 12 月 8 日被开除。

1832 年 5 月 30 日，他参加了一场决斗，并于 5 月 31 日受伤去世。

世界上最杰出的数学家之一去世时年仅 20 岁，在这个动荡的社会中，伽罗瓦从未停止过对数学的思考。决斗前的一天晚上，他唯一想念的就是他的数学研究，也许在他的一生中，最接近他的是数学。

在伽罗瓦去世后 14 年的 1846 年，他的遗书出版了。随着数学的发展和时间的流逝，伽罗瓦研究成果的意义越来越得到人们的认可。他的主要成就是提出了群的概念，用它彻底解决了用根基求解代数方程的问题，并发展了关于群和场的整套理论。为了纪念他，人们称它为伽罗瓦理论。伽罗瓦理论对现代数学的发展产生了深远的影响，并已渗透到数学的许多分支。

（二）群的概念

定义（群）设 G 为某种元素组成的一个非空集合，若在 G 内定义一个称为乘法的运算"·"，满足以下条件：

（1）（封闭性）$\forall a, b \in G$，有 $a \cdot b \in G$；

（2）（结合性）有 $a \cdot (b \cdot c) = (a \cdot b) \cdot c$；

（3）在 G 中有一个元素 e，对 G 中任意元素 g，有 $e \cdot g = g \cdot e = g$，元素 e 称为单位元；

（4）对 G 中任一元素 g 都存在 G 中的一个元素 g'，使得 $g \cdot g' = g' \cdot g = e$，$g$ 称为可逆元，g' 称为 g 的逆元，记作 g^{-1}，则称 G 关于"·"形成一个群（Group），记作（G, ·），通常在不混淆的情况下省略"·"，用 G 表示一个群，$a \cdot b$ 也简记为 ab。

Abel 群或交换群：群中的运算满足交换律的群。

半群：非空集合 G 满足条件（1）和（2），则称 G 为半群。

含幺半群：非空集合 G 满足条件（1）、（2）和（3），则称 G 为含幺半群。

四、费马数

几千年来，数学家一直在寻找这样的公式，即可以找到所有素数的公式，还没有人能够找到这样的公式，费马也做过这样的尝试，就是费马数，费马数是以数学家费马命名的一组自然数，具体形式为 $F_n = 2^n + 1$，即

$$F_0 = 2^{2^0} + 1 = 3,$$

$$F_1 = 2^{2^1} + 1 = 5,$$

$$F_2 = 2^{2^2} + 1 = 17,$$

$$F_3 = 2^{2^3} + 1 = 257,$$

$$F_4 = 2^{2^4} + 1 = 65537。$$

后来发现，在 $n = 0$，1，2，3，4 之后，当 $n = 5$ 时，费马数不再是质数，到目前为止，除了前五个费马数是质数以外，没有其他费马数是质数。

在质数的研究中，费马这个伟大的数论天才，做出了他一生中唯一的错误猜测。随着电子计算机的发展，计算机已成为数学家研究费马数的强大工具，但是即使这样，也不会在已知的费马数上加上费马素数。

第七节　课　外

一、海王星

自古以来，人们只知道天上有 5 个行星：水星、火星、金星、木星和土星。英国天文学家威廉·赫歇尔（Wilhelm Herschel）（1738—1822）意外地在 1781 年发现了一颗新天王星，它比土星离太阳更远。这激发了天文学家的兴趣，并在公众中产生了持久的影响。

自人们发现天王星以来，利用牛顿的力学定律和万有引力定律，天文学家已经能够准确地计算出行星的轨道，并根据可用的观测数据预测它们的运动，但是，天王星经常偏离预测轨道。实际原因是什么？数学家贝塞尔（Bessel）和一些天文学家认为，天王星的外侧一定有一颗行星，其引力会干扰天王星的运动。

1843 年，英国剑桥大学 22 岁的学生亚当斯（Adams）使用微积分等数学工具，根据力学原理计算新行星的位置。同年 10 月 21 日，他将计算结果发送给英国格林威治天文台所长艾弗里（Avery）。但是艾弗里是迷信的权威，他认为亚当斯年轻而又无知，这种计算肯定是不可靠的。

巧合的是，比亚当斯大 8 岁的巴黎法国天文台的数学家勒维烈（Le Verrier）在 1845 年求解了一个由数十个方程组成的方程组，并于 1846 年 8 月 31 日计算了这个新行星的轨道。同年 9 月 18 日，他写信给柏林天文台的工作人员加勒（Galle），他有一张详细的星图，对他说："请把望远镜对准黄经上的水瓶座，经度为 326°，您将在那个地方看到一颗 9 级的恒星。"加勒于 9 月 23 日收到了勒维烈的来信，当晚他跟随勒维烈的立场进行了观察。不出所料，在半小时内，找到一颗从未见过的恒星，它与勒维烈所计算的位置仅相距 52′。经过

24 小时的连续观察，他发现它在恒星之间移动，因此，它是一颗行星。宣布这一发现后，经过一段时间的讨论，所有天文学家都同意这是太阳系中的第八颗行星，并根据希腊神话将其命名为海王星。

海王星的发现不仅是数学推理和计算威力的令人信服的例证，更重要的是，它标志着日心说的最终胜利。所以数学在推动人类思想革命过程中有时起着决定性的作用。

二、"罗素悖论"与计算机

1901 年，英国数学家罗素曾提出过一个集合论的悖论，罗素为了让普通老百姓了解数学本身存在的矛盾，后来又把它改编成通俗的形式，即所谓的"理发师悖论"。

悖论的怪异结论来自该领域理论的局限性，对其进行深入的研究将为现有的理论体系带来革命性的突破。例如，芝诺（Zeno）的"乌龟与野兔悖论"在推理的每个步骤都是正确的，但总体而言是荒谬的。对它的仔细研究提出了无限序列极限和无限收敛级数的概念。另一个例子是"秃头悖论"，该悖论等同于暴雨悖论——"此刻正在下雨，几秒钟后又会下雨"，因此，"一旦下雨，就永远下雨"。每个句子都是合理的，结论却是荒谬的。对它的探究为模糊数学的诞生做出了深远的贡献。20 世纪初的"罗素悖论"给整个数学基础带来了全面的影响，而消除它则迎来了一个世纪的数学基础研究。

罗素享誉百年，是逻辑大师。在罗素提出悖论的同时，位于哥廷根的德国数学研究所的希尔伯特研究小组也关注数学中的悖论现象。在希尔伯特（Hilbert）对欧几里得几何学进行研究之前，先将"线""交点""平行"和其他关系等对象纳入公理化处理，从而成功地得出非欧几里得几何学中与像欧几里得几何学一样自然的结论。他认为问题出在以下事实：集合的定义与似是而非的猜想混在一起，但他不纠结于如何对"集合"进行更严格的定义，而是将集合作为数学对象满足几个基本要求，并将这些要求作为一个公理系统。为了定义其内涵，只要公理系统本身没有矛盾，定义的数学对象的内涵就不会出现混淆。

"理发师悖论"这样一个在书斋里腾云驾雾、冥思苦想得来的近乎游戏的结果，难道跟人类的生产与生活会有什么关系吗？事实上，由于这个悖论揭示了数学基础存在的深刻矛盾，在以后 30 年中数学家们围绕它展开了激烈的争论，并形成了关于数学基础的三大学派，争论的结果引出了被誉为 20 世纪最深刻的数学定理——哥德尔不完备性定理，对这个定理所涉及的一个基本概念——可判定性的深入研究又促使英国数学家图灵提出了计算机科学中极为重要的"可计算性"概念，为了判断可计算性，图灵提出了一种理想的计算机模型即"图灵机"，这就是现代通用程序计算机的理论模型。图灵机从理论上预示了设计制造电子计算机的可能性，这是 1936 年的事，比实际计算机的发明早了十几年。在最早的电子计算机的设计制造方面，数学和数学家发挥了关键作用，大数学家冯·诺依曼甚至因对第一台电子计算机的卓越贡献而被戴上了"计算机之父"的桂冠。图灵本人在"二战"期间也参与了早期电子计算机的设计制造，他因此荣获英国国防部颁发的荣誉勋章。

众所周知，计算机已经成为当今社会最宏大的产业，同时对人们的生活方式产生了深远的影响。从"罗素悖论"到现代计算机，这中间的联系完全是始料不及的，即使罗素本人恐怕也没想到。

三、麦克斯韦与电磁波

麦克斯韦电磁场理论的创立是 19 世纪电磁学史上的一座里程碑。他的理论激发了后来的学者去证实和探索电磁波的存在。它鼓励几代人使用电磁波对人类造福，其影响力超越时空。普朗克在麦克斯韦诞辰 100 周年学术研讨会之际说道："在每一个学科领域有一些特殊的十大人物，他们似乎有上天的祝福。他们散发着超越国界的影响力，直接激发和促进了世界的探索，麦克斯韦是其中少数几个之一。"

麦克斯韦（Maxwell）出生于 1831 年，当时法拉第（Faraday）发现了电磁感应。他的父亲属于那里的知识分子阶层，他的童年教育是在母亲的照顾下完成的，由于父亲的影响，麦克斯韦从小就对自然科学产生了浓厚的兴趣。13 岁那年，他获得了爱丁堡年度数学奖；之后，他的父亲经常带麦克斯韦参加皇家学会的各种学术活动。15 岁那年，麦克斯韦在《爱丁堡皇家学会学报》上发表了数学论文，极大地增强了他的科学进取精神。1847 年秋天，16 岁的麦克斯韦进入了专门研究物理、数学的苏格兰最高学府——爱丁堡大学。在这里，他向凯兰学习数学，向福布斯学习物理学，向汉密尔顿学习逻辑。

人类历史上迄今为止发生的三次工业革命的主要技术直接或间接地与新的数学理论和方法的应用有关。以第二次工业革命为例，第二次工业革命的主要技术之一是无线电通信。但是，可以说没有数学就没有无线电通信，因为无线电通信电磁波的物理载体最初并未通过实验，而是基于严格数学方法的预测。具体来说，它是从麦克斯韦方程式导出的结果。1864 年，英国物理学家和数学家麦克斯韦发表了划时代的电磁学论文，使用纯数学方法总结了法拉第和安培以来的电磁学理论，他将所有电磁学现象的定律归纳为两组方程式，即麦克斯韦方程组，并基于这两组方程组的推导，大胆预测了以光速传播的波（即电磁波）的存在。麦克斯韦的理论当时只有几个犹豫的支持者。

24 年后，德国物理学家赫兹在振荡放电实验中证明了麦克斯韦的预言。不久，意大利的马可尼和俄国人波波夫又在赫兹实验的基础上各独立地发明了无线电报。这样，麦克斯韦方程不仅实现了自牛顿以来物理学的又一次伟大整合，而且为日后风靡全球的无线电技术奠定了基础，从此，电磁波走进了千家万户。有人说麦克斯韦方程是改变世界的方程，这并不夸张。深入了解科学的历史将会发现，这样的方程还远远不止麦克斯韦方程。

麦克斯韦的电磁场理论是继牛顿力学之后又一个划时代的重大成就。它的成立标志着电磁学发展的新阶段，开辟了广泛的研究领域。电磁波、电磁辐射的研究导致了通信、广播和信息传输技术的发展；对物质电磁特性的研究促进了材料科学的发展，导致了高质量物理材料的不断涌现。基于电磁场理论的光学研究，拓宽了光学研究领域，这些发展促进科学技术的繁荣。20 世纪美国著名理论物理学家费曼在他的《物理学讲义》中写道："从人类历史的长远观点来看，例如从今过后一万年来看，几乎无疑的是，19 世纪最重要的事件将判定麦克斯韦发现电动力学定律。与这一重要科学事件相比，同一个十年中的美国内战（指"南北战争"）就黯然失色地降为地区性的琐事了。"

四、爱因斯坦与相对论

科学史上有大量的例子可以印证数学与科学有着密切联系。在 20 世纪初相对论的创立过程中，数学建有奇功。1907 年，德国数学家闵可夫斯基（1864—1909）提出"闵可夫斯基空间"，为爱因斯坦狭义相对论提供了合适的数学模型。有了闵可夫斯基时空模型后，爱因斯坦又进一步研究了引力场理论以建立广义相对论。1912 年夏，他已经概括出新的引力理论的基本物理原理，但为了实现广义相对论的目标，还必须寻求理论的数学结构，一个很重要的要求是使万有引力定律在一定的坐标变换下保持不变（即协变）。爱因斯坦为此徘徊彷徨了 3 年时间，最后在他的大学同学——数学家格罗斯曼介绍下学习掌握了意大利数学家勒维·奇维塔等在黎曼几何基础上发展起来的绝对微分学，亦即爱因斯坦后来所称的张量分析，并很快发现这正是建立广义相对论引力理论的合适的数学工具。在 1915 年 11 月 25 日发表的一篇论文中，爱因斯坦终于导出广义协变的引力方程。爱因斯坦指出："由于这组方程，广义相对论作为一种逻辑结构终于大功告成。"而这依靠的恰恰是数学。

后来，在回顾这段历史时，爱因斯坦坦率地承认了他过去轻视数学是一个极大的错误，他反省道："在几年独立的科学研究之后，我才逐渐明白了在科学探索的过程中，通向更深入的道路是同最精密的数学方法联系在一起的。"这是爱因斯坦自己的话，是作为一个科学家的深切体会。

五、笛卡尔与解析几何

笛卡尔曾经在书中就抱怨希腊人只告诉你事情是什么，怎么证明，却没有告诉你事情是怎样发现的，如欧几里得《几何原本》证明了几百条命题，但并没有告诉你是怎样发现的。于是笛卡尔企图找到一种发现真理的一般方法，让普通人也能发现真理。笛卡尔把他的方法叫作"普遍数学"解析几何，正是他将这种"普遍数学"实施于几何学时创造出来的工具。笛卡尔在批判古希腊演绎思维模式的过程中，强调了数学真理的发现，致力于寻找发现数学真理的思维法则，同时发现了解析几何。解析几何的发现，本身就是创造性数学研究的范例。其他像牛顿和莱布尼茨等人发明微积分的过程、欧拉解决哥尼斯堡七桥问题的思路以及阿基米德和中国人求球体积的方法等，在这些方面数学史能提供丰富的素材，如果在教学中将数学家创造数学真理的思维过程活生生地展现在学生面前，在某种程度上改变那种从公式到公式、从定理到定理的教学程式，无疑会收到事半功倍的效果。

六、华为 5G 与数学

华为最出彩的一招就是和土耳其数学家埃达尔·阿勒坎（Erdal Arikan）的合作。在土耳其的毕尔肯大学（Bilkent University），阿勒坎十年磨一剑，终于在 2008 年发表了主要用于 5G 通信编码的极化码（polar code）技术方案。他 2008 年发表在 IEEE 期刊上的文章一共二十多页，独立完成。这篇文章发表后，就被华为的科学家们注意到了，他们评估了阿勒坎的论文，敏锐地意识到这篇论文至关重要，感觉其中的技术可以用于 5G 编码。

阿勒坎教授的论文发表两个月后，华为就开始以它为中心研究各种专利，逐步分解，投入了数千人和大量科研资金促进研发。十年间，华为把土耳其数学家的数学论文变成技术和标准，积极和阿勒坎教授团队合作，出资支持他的实验室，助其扩大研究团队，拥有更多的博士生、博士后。这一切努力的结果是，华为拥有了世界上超过四分之一的 5G 专利，雄踞世界第一。

第七章

数学文化题赏析

一、立体几何与数学文化

例 1（2021·山东新高考 12 月质量测评）

"阿基米德多面体"也称半正多面体，是由边数不全相同的正多边形围成的多面体，它体现了数学的对称美。将正方体沿交于一顶点的三条棱的中点截去一个三棱锥，如此截去八个三棱锥，得到一个有八个面为正三角形、六个面为正方形的"阿基米德多面体"，如图 7-1 所示，若该多面体的棱长为 $\sqrt{2}$，则其体积为（　　）

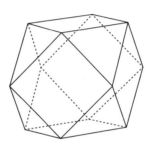

图 7-1

A. $\dfrac{40\sqrt{2}}{3}$　　　　B. 5　　　　C. $\dfrac{17}{3}$　　　　D. $\dfrac{20}{3}$

解析：将该多面体放入正方体中，如图 7-2 所示。

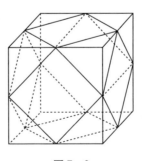

图 7-2

由于多面体的棱长为 $\sqrt{2}$，所以正方体的棱长为 2。

该多面体是由棱长为 2 的正方体沿各棱中点截去 8 个三棱锥所得，所以该多面体的体积 $V = 2^3 - 8 \times \dfrac{1}{3} \times \left(\dfrac{1}{2} \times 1 \times 1 \right) \times 1 = \dfrac{20}{3}$，故选 D。

例 2（2021·八省市 12 月联考）

《九章算术》是中国古代数学专著，对以后的数学发展有很大的影响。《九章算术·商功》中介绍了羡除体积的求法。在如图 7-3 所示的羡除中，四边形 $ABDA'$，$ACEA'$，$BCED$ 为等腰梯形，$AA'//BD//CE$，平面 $ABDA'$ 是铅垂面，$AA'=3$m，$BD=4$m，点 A 到 BD 的距离为 3m，平面 $BDEC$ 是水平面，$CE=5$m，直线 CE 到 BD 的距离为 6m，则该羡除的体积为（　　　）

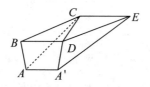

图 7-3

A. 24m³ B. 30m³ C. 36m³ D. 42m³

解析：如图 7-4 所示，连接 AC，$A'C$。

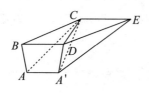

图 7-4

则该羡除可以分割为四棱锥 $C-AA'DB$ 和三棱锥 $A'-DCE$。

故该羡除的体积为

$$V_{C-AA'DB} + V_{A'-DCE} = \frac{1}{3} \times \frac{1}{2} \times (3+4) \times 3 \times 6 + \frac{1}{3} \times 3 \times \frac{1}{2} \times 5 \times 6 = 36\text{m}^3,$$

故选 C。

例 3（2021·江西新余一中 11 月模拟）

鳖臑出自《九章算术·商功》："斜解立方，得两堑堵。斜解堑堵，其一为阳马，一为鳖臑。"鳖臑是我国对四个面均为直角三角形的三棱锥的古称。如图 7-5 所示，三棱锥 $A-BCD$ 是一个鳖臑，其中 $AB \perp BC$，$AB \perp BD$，$BC \perp CD$，且 $AB = BC = DC = 4$，过点 B 向 AC 引垂线，垂足为 E，过 E 作 CD 的平行线，交 AD 于点 F，连接 BF。设三棱锥 $A-BCD$ 的外接球的表面积为 S_1，三棱锥 $A-BEF$

的外接球的表面积为 S_2，则 $\dfrac{S_1}{S_2}=$ _____。

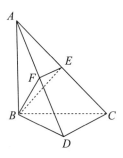

图 7-5

解析：由题易知三棱锥 $A-BCD$ 的外接球的球心为 AD 的中点。

设三棱锥 $A-BCD$ 的外接球半径为 R_1，则

$2R_1=AD=\sqrt{AB^2+BC^2+CD^2}=\sqrt{4^2+4^2+4^2}=4\sqrt{3}$，所以 $R_1=2\sqrt{3}$。

易知三棱锥 $A-BEF$ 中有 $AE\perp BE$，$AE\perp EF$，$EF\perp EB$，

即三棱锥 $A-BEF$ 的外接球的直径等于以 E 为顶点，以 EA，EB，EF 为长、宽、高的长方体的对角线长。

设三棱锥 $A-BEF$ 的外接球半径为 R_2，则 $2R_2=\sqrt{AE^2+BE^2+EF^2}=\sqrt{8+8+4}=2\sqrt{5}$。

可得 $R_2=\sqrt{5}$，所以 $\dfrac{S_1}{S_2}=\dfrac{4\pi R_1^2}{4\pi R_2^2}=\dfrac{12}{5}$。

例4（2021·河北衡水中学 12 月学业质量测评）

我国古代数学名著《九章算术》中有如下问题："今有木长二丈，围之三尺。葛生其下，缠木七周，上与木齐。问葛长几何？术曰：以七周乘三尺为股，木长为勾，为之求弦。弦者，葛之长"意思是：今有 2 丈长的圆木，其横截面周长为 3 尺，葛藤从圆木底端绕圆木 7 周至顶端，问葛藤有多长？（注：1 丈 = 10 尺）（   ）

A. 29 尺　　　　　B. 27 尺　　　　　C. 23 尺　　　　　D. 21 尺

解析：如图 7-6 所示，将围木侧面展开为一矩形，根据题意画出 7 个这样的矩形。一条直角边（即圆木的高）长为 20 尺，另一条直角边长为 $7\times 3=21$（尺），因此，葛藤长为 $\sqrt{20^2+21^2}=29$（尺），故选 A。

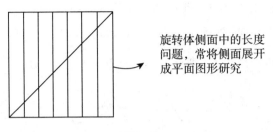

旋转体侧面中的长度问题，常将侧面展开成平面图形研究

图 7 - 6

例 5（2021·湖南永州八县 12 月联考）

玉璧是我国传统的玉礼器之一，其穿孔部位称作"好"，边缘器体称作"肉"。《尔雅·释器》曰："肉倍好谓之璧，好倍肉谓之瑗，肉好若一谓之环。"一般把体形扁平、周边圆形、中心有一上下垂直相透的圆孔的器物称为璧。如图 7 - 7 所示，某玉璧高 2.5cm，内径 8cm，外径 18cm，则该玉璧的体积为（　　）

图 7 - 7

A. 158. 5πcm³ 　　　　　　　　 B. 160. 5πcm³

C. 162. 5cm³ 　　　　　　　　 D. 164. 5πcm³

解析：由题意知，该玉璧的体积为底面半径为 9cm，高为 2.5cm 的圆柱的体积减去底面半径为 4cm，高为 2.5cm 的圆柱的体积，即该玉璧的体积为 $V = \pi \times 9^2 \times 2.5 - \pi \times 4^2 \times 2.5 = 162.5\pi$（cm³），故选 C。

例 6

蹴鞠起源于春秋战国时期，是现代足球的前身。到了唐代，制作的蹴鞠已接近现代足球，做法是用八片鞣制好的尖皮缝制成"圆形"的球壳，在球壳内放一个动物膀胱，"嘘气闭而吹之"，成为充气的球。如图 7 - 8 所示，将八个全

等的正三角形缝制成一个空间几何体，在几何体内放一个气球，往气球内充气使几何体膨胀，当几何体膨胀成球体（顶点位置不变）且恰好是原几何体外接球时，测得球的体积是 $\sqrt{6}\pi$，则正三角形的边长为（   ）

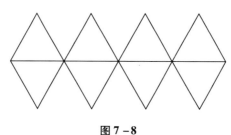

图 7－8

A. $\sqrt{3}$ B. $\sqrt{2}$ C. $\dfrac{\sqrt{3}}{2}$ D. $\dfrac{\sqrt{2}}{2}$

解析：图中的八个全等的正三角形缝制成的空间几何体是正八面体，如图 7－9 所示。

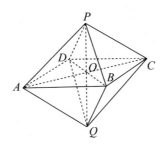

图 7－9

设正三角形的边长为 a，正八面体的外接球的半径为 $|PO|$，易知 $|PO| = \sqrt{|PC|^2 - |OC|^2} = \dfrac{\sqrt{2}}{2}a$，依题意 $\dfrac{4}{3}\pi \times \left(\dfrac{\sqrt{2}}{2}a\right)^3 = \sqrt{6}\pi$，整理得 $a^3 = 3\sqrt{3}$，所以 $a = \sqrt{3}$，故选 A。

例 7

我国古代数学名著《九章算术》中有这样一些数学用语，"堑堵"意指底面为直角三角形，且侧棱垂直于底面的三棱柱，而"阳马"指底面为矩形，且有一侧棱垂直于底面的四棱锥。现有一如图 7－10 所示的堑堵，$AC \perp BC$，若 $A_1A = AB = 2$，当阳马 $B - A_1ACC_1$ 体积最大时，则堑堵 $ABC - A_1B_1C_1$ 的外接球的

体积为（　　　）

A. $2\sqrt{2}\pi$　　　　B. $\dfrac{8\sqrt{2}}{3}\pi$　　C. $\dfrac{14\sqrt{2}}{3}\pi$　　D. $4\sqrt{2}\pi$

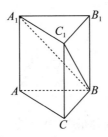

图 7 - 10

解析：依题意可知，$BC \perp$ 平面 ACC_1A_1。设 $AC=a$，$BC=b$，则 $a^2+b^2=AB^2=4$。

$$V_{B-A_1ACC_1} = \frac{1}{3}\times\frac{1}{2}\times AC \times AA_1 \times BC = \frac{1}{3}\times AC \times BC \leq \frac{1}{3}\times\frac{AC^2+BC^2}{2} = \frac{1}{3}\times\frac{4}{2}$$

$=\dfrac{2}{3}$，当且仅当 $AC=BC=\sqrt{2}$ 时取得最大值。依题意可知 $\triangle A_1BC$，$\triangle A_1BA$，

$\triangle A_1BB_1$ 是以 A_1B 为斜边的直角三角形，所以堑堵 $ABC-A_1B_1C_1$ 的外接球的直

径为 A_1B，故半径 $OB=\dfrac{1}{2}A_1B=\dfrac{1}{2}\times\sqrt{{AA_1}^2+AB^2}=\sqrt{2}$。所以外接球的体积为

$\dfrac{4\pi}{3}\cdot\left(\sqrt{2}\right)^3=\dfrac{8\sqrt{2}}{3}\pi$，故选 B。

例 8

我国古代数学名著《数书九章》中有"天池盆测雨"题：在下雨时，用一
个圆台形的天池盆接雨水。天池盆盆口直径为二尺八寸，盆底直径为一尺二寸，
盆深一尺八寸。若盆中积水深九寸，则该处的平地降雨量（盆中积水体积与盆
口面积之比）为（　　　）寸。

（台体体积公式：$V_{台体}=\dfrac{1}{3}\left(S_1+\sqrt{S_1S_2}+S_2\right)h$，$S_1$，$S_2$ 分别为上、下底

面面积，h 为台体的高，一尺等于 10 寸）

A. 3　　　　B. 4　　　　C. $\dfrac{237}{49}$　　　D. $\dfrac{474}{49}$

解析：由题意可得，池盆盆口的半径为 14 寸，盆底半径为 6 寸，盆高为 18

寸，因为积水深 9 寸，故水面半径为 $\frac{1}{2} \times$ （$14+6$）$=10$ （寸），则盆中水的体

积为 $\frac{1}{3}\pi \times$ （$6^2+10^2+6\times10$）$\times 9 = 588\pi$ （立方寸），故该处的平地降雨量为

$\frac{588\pi}{\pi \times 14^2} = 3$ （寸），故选 A。

二、数列与数学文化

例 9（2021·湖北、山东部分重点中学 12 月联考）

唐代诗人卢纶有一首名为《和张仆射塞下曲·其三》的诗："月黑雁飞高，单于夜遁逃。欲将轻骑逐，大雪满弓刀。"当代著名数学家华罗庚以数学家特有的敏感和严密的逻辑思维，发现了此诗的一些疑点，并写诗质疑，诗云："北方大雪时，群雁早南归。月黑天高处，怎得见雁飞？"但是，数学家也有许多美丽的错误，如法国数学家费马于 1640 年提出了以下猜想：$F_n = 2^n+1$（$n=0$，1，2，…）是质数。直到 1732 年才被善于计算的大数学家欧拉算出 $F_5 = 641 \times$ 6700417，不是质数。现假设 $a_n = \log_2 \left[\log_2 \left(F_n - 1 \right) \right]$（$n=1$，2，…），$b_n = $ $\frac{1}{a_n \left(a_n + 1 \right)}$，则数列 $\{b_n\}$ 的前 n 项和 $S_n = $ _____。

解析：把 $F_n = 2^{2^n}+1$ 代入 $a_n = \log_2[\log_2(F_n-1)]$，得 $a_n = \log_2[\log_2(2^{2^n}+$ $1-1)] = \log_2 2^n = n$，则 $b_n = \frac{1}{a_n\left(a_n+1\right)} = \frac{1}{n\left(n+1\right)} = \frac{1}{n} - \frac{1}{n+1}$，所以 $S_n = $ $\left(1 - \frac{1}{2}\right) + \left(\frac{1}{2} - \frac{1}{3}\right) + \cdots + \left(\frac{1}{n} - \frac{1}{n+1}\right) = 1 - \frac{1}{n+1} = \frac{n}{n+1}$。

例 10（2021·江苏启东中学模拟）（多选）

大衍数列来源于《乾坤谱》中对易传"大衍之数五十"的推论，主要用于解释我国传统文化中的太极衍生原理。大衍数列中的每一项都代表太极衍生过程中曾经经历过的两仪数量总和。已知该数列前 10 项依次是 0，2，4，8，12，18，24，32，40，50，则下列说法正确的是（   ）

A. 此数列的第 20 项是 200

B. 此数列的第 19 项是 182

C. 此数列偶数项的通项公式为 $a_{2n} = 2n^2$

D. 此数列的前 n 项和为 $S_n = n$（$n-1$）

解析：观察此数列，偶数项的通项公式为 $a_{2n} = 2n^2$，故 C 正确；

奇数项是其后一项减去后一项的项数，即 $a_{2n-1} = a_{2n} - 2n$；

由此可得 $a_{20} = 2 \times 10^2 = 200$，故 A 正确；

$a_{19} = a_{20} - 20 = 180$，故 B 错误；

把 $n = 4$ 代入 $S_n = n$（$n-1$）得，$S_4 = 4 \times 3 = 12$，而 $0 + 2 + 4 + 8 = 14 \neq 12$，故 D 错误。故选 AC。

例 11（2021·陕西汉中模拟改编）（多选）

古埃及人在进行分数运算时，只使用分子是 1 的分数，因此，这种分数叫作埃及分数，也叫作单分子分数。对埃及分数求和是一个有趣的数学问题，下面对埃及分数求和正确的是（　　）

A. $\dfrac{1}{2} + \dfrac{1}{4} + \dfrac{1}{8} + \dfrac{1}{16} + \dfrac{1}{32} + \dfrac{1}{64} = \dfrac{63}{64}$

B. $\dfrac{1}{2^2-1} + \dfrac{1}{4^2-1} + \dfrac{1}{6^2-1} + \cdots + \dfrac{1}{50^2-1} = \dfrac{50}{51}$

C. $\dfrac{1}{2} + \dfrac{1}{4} + \dfrac{1}{6} = \dfrac{11}{12}$

D. $\dfrac{1}{1+2} + \dfrac{1}{1+2+3} + \cdots + \dfrac{1}{1+2+3+\cdots+50} = \dfrac{49}{51}$

解析：对于 A 选项，$\dfrac{1}{2} + \dfrac{1}{4} + \dfrac{1}{8} + \dfrac{1}{16} + \dfrac{1}{32} + \dfrac{1}{64} = \dfrac{\dfrac{1}{2} - \dfrac{1}{64} \times \dfrac{1}{2}}{1 - \dfrac{1}{2}} = \dfrac{63}{64}$，故 A 正确；

对于 B 选项，$\dfrac{1}{2^2-1} + \dfrac{1}{4^2-1} + \dfrac{1}{6^2-1} + \cdots + \dfrac{1}{50^2-1}$

$= \dfrac{1}{2} \times \left[\left(1 - \dfrac{1}{3}\right) + \left(\dfrac{1}{3} - \dfrac{1}{5}\right) + \cdots + \left(\dfrac{1}{49} - \dfrac{1}{51}\right) \right] = \dfrac{25}{51}$，故 B 错误；

对于 C 选项，$\dfrac{1}{2} + \dfrac{1}{4} + \dfrac{1}{6} = \dfrac{11}{12}$，故 C 正确；

对于 D 选项，$\dfrac{1}{1+2+3+\cdots+n} = \dfrac{2}{n（n+1）} = 2\left(\dfrac{1}{n} - \dfrac{1}{n+1}\right)$，

所以 $\dfrac{1}{1+2} + \dfrac{1}{1+2+3} + \cdots + \dfrac{1}{1+2+3+\cdots+50} = 2\left[\left(\dfrac{1}{2} - \dfrac{1}{3}\right) + \left(\dfrac{1}{3} - \dfrac{1}{4}\right) + \right.$

$\cdots + \left(\dfrac{1}{50} - \dfrac{1}{51}\right)\Big] = \dfrac{49}{51}$，故 D 正确。

故选 ACD。

例 12（2021·江苏南通 11 月期中改编）

意大利著名数学家斐波那契在研究兔子繁殖问题时，发现有这样一列数：1，1，2，3，5，…其中从第三项起，每个数都等于它前面两个数的和，后来人们把这样的一列数组成的数列 $\{a_n\}$ 称为"斐波那契数列"，记 S_n 为数列 $\{a_n\}$ 的前 n 项和，则下列结论不正确的是（　　）

A. $a_6 = 8$

B. $S_9 = 54$

C. $a_1 + a_3 + a_5 + \cdots + a_{2019} = a_{2020}$

D. $\dfrac{a_1^2 + a_2^2 + a_3^2 + \cdots + a_{2019}^2}{a_{2019}} = a_{2020}$

解析：对于 A 选项，写出数列的前 6 项，为 1，1，2，3，5，8，所以 $a_6 = 8$，故 A 正确；

对于 B 选项，$S_9 = 1 + 1 + 2 + 3 + 5 + 8 + 13 + 21 + 34 = 88$，故 B 错误；

对于 C 选项，由 $a_1 = a_2$，$a_3 = a_4 - a_2$，$a_5 = a_6 - a_4$，…，$a_{2019} = a_{2020} - a_{2018}$，可得 $a_1 + a_3 + a_5 + \cdots + a_{2019} = a_2 + a_4 - a_2 + a_6 - a_4 + \cdots + a_{2020} - a_{2018} = a_{2020}$，故 C 正确；

对于 D 选项，斐波那契数列中，$a_{n+2} = a_{n+1} + a_n$ 恒成立，

则 $a_1^2 = a_2 a_1$，$a_2^2 = a_2 (a_3 - a_1) = a_2 a_3 - a_2 a_1$，

$a_3^2 = a_3 (a_4 - a_2) = a_3 a_4 - a_2 a_3$，…，$a_{2018}^2 = a_{2018}(a_{2019} - a_{2017}) = a_{2018}a_{2019} - a_{2018}a_{2017}$，

$a_{2019}^2 = a_{2019}a_{2020} - a_{2018}a_{2019}$，

可得 $\dfrac{a_1^2 + a_2^2 + a_3^2 + \cdots + a_{2019}^2}{a_{2019}} = \dfrac{a_{2019}a_{2020}}{a_{2019}} = a_{2020}$，故 D 正确。

故选 B。

例 13

"十二平均律"是通用的音律体系，明代朱载堉最早用数学方法计算出半音比例，为这个理论的发展做出了重要贡献。"十二平均律"将一个纯八度音

程分为十二份，依次得到十三个单音，从第二个单音起，每一个单音的频率与它的前一个单音的频率的比都等于 $\sqrt[12]{2}$。若第一个单音的频率为 f，则第八个单音的频率为（　　）

A. $\sqrt[3]{2}f$

B. $\sqrt[3]{2^2}f$

C. $\sqrt[12]{2^5}f$

D. $\sqrt[12]{2^7}f$

解析：因为每一个单音与前一个单音频率比为 $\sqrt[12]{2}$，所以 $a_n = \sqrt[12]{2}a_{n-1}$（$n \geq 2$，$n \in \mathbf{N}^*$），又 $a_1 = f$，则 $a_8 = a_1 q^7 = (\sqrt[12]{2})^7 f = \sqrt[12]{2^7}f$。故选 D。

例 14

《九章算术》是我国古代的一本数学名著。全书为方田、粟米、衰分、少广、商功、均输、盈不足、方程、勾股九章，收有 246 个与生产、生活实践有联系的应用问题。在第六章"均输"中有这样一道题目："今有五人分五钱，令上二人所得与下三人等，问各得几何？"其意思为："现有五个人分 5 钱，每人所得成等差数列，且较多的两份之和等于较少的三份之和，问五人各得多少？"在此题中，任意两人所得的最大差值为（　　）

A. $\dfrac{1}{3}$

B. $\dfrac{2}{3}$

C. $\dfrac{1}{6}$

D. $\dfrac{5}{6}$

解析：设每人分到的钱数构成的等差数列为 $\{a_n\}$，公差 $d > 0$，

由题意可得，$a_1 + a_2 + a_3 = a_4 + a_5$，$S_5 = 5$，

故 $3a_1 + 3d = 2a_1 + 7d$，$5a_1 + 10d = 5$，

解得 $a_1 = \dfrac{2}{3}$，$d = \dfrac{1}{6}$，

故任意两人所得的最大差值 $4d = \dfrac{2}{3}$。

故选 B。

例 15

我国天文学和数学著作《周髀算经》中记载：一年有二十四个节气，每个节气的晷长损益相同（晷是按照日影测定时刻的仪器，晷长即为所测量影子的长度）。二十四节气及晷长变化如图 7 - 11 所示，相邻两个节气晷长减少或增加

的量相同，周而复始。已知每年冬至的暑长为一丈三尺五寸，夏至的暑长为一尺五寸（一丈等于十尺，一尺等于十寸），则下列说法不正确的是（　　　）

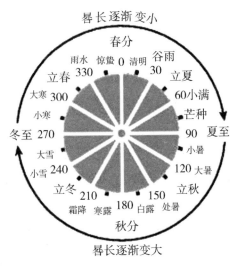

图 7－11

A. 相邻两个节气暑长减少或增加的量为一尺

B. 春分和秋分两个节气的暑长相同

C. 立冬的暑长为一丈五寸

D. 立春的暑长比立秋的暑长短

解析：由题意可知，夏至到冬至的暑长构成等差数列 $\{a_n\}$，其中 $a_1 = 15$，$a_{13} = 135$，公差为 d，则 $135 = 15 + 12d$，解得 $d = 10$，同理可知，由冬至到夏至的暑长构成等差数列 $\{b_n\}$，其中 $b_1 = 135$，$b_{13} = 15$，公差 $d' = -10$（单位都为寸）。

故选项 A 正确；

∵ 春分的暑长为 b_7，∴ $b_7 = b_1 + 6d' = 135 - 60 = 75$。

∵ 秋分的暑长为 a_7，∴ $a_7 = a_1 + 6d = 15 + 60 = 75$，所以 B 正确；

∵ 立冬的暑长为 a_{10}，∴ $a_{10} = a_1 + 9d = 15 + 90 = 105$，即立冬的暑长为一丈五寸，所以 C 正确；

∵ 立春的暑长、立秋的暑长分别为 b_4，a_4，

∴ $a_4 = a_1 + 3d = 15 + 30 = 45$，$b_4 = b_1 + 3d' = 135 - 30 = 105$，

$\therefore b_4 > a_4$，故 D 错误。

故选 D。

三、三角函数与数学文化

例 16（2021·江苏海安三校 12 月联考）

黄金分割比是把一条线段分割为两部分，使其中一部分与全长之比等于另一部分与这部分之比，其比值是 $\dfrac{\sqrt{5}-1}{2}$。如图 7-12 所示，已知正五角星内接于 ⊙O，$\angle CAD = 36°$，点 S 为线段 AD 的黄金分割点，则 $\sin 18° = \underline{\qquad}$。若 ⊙$O$ 的半径为 2，PQ 为 ⊙O 的一条弦，以 PQ 为底边向外作等腰三角形 PQM（如图 7-13 所示），且 $\angle PMQ = 36°$，则 OM 的最大值为 $\underline{\qquad}$。

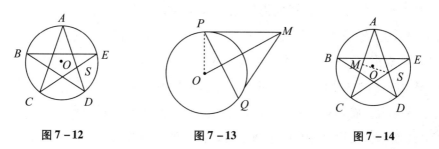

图 7-12　　　　　图 7-13　　　　　图 7-14

解析：如图 7-14 所示，取 AC 的中点 M，连接 SM，易知点 O 在 SM 上，由题意可知，△ASC 为等腰三角形，故 $SM \perp AC$。

所以 $\cos \angle CAD = \dfrac{AM}{AS} = \dfrac{1}{2} \times \dfrac{AC}{AS}$。

又点 S 为线段 AD 的黄金分割点，且 $AC = AD$，所以 $\cos 36° = \cos \angle CAD = \dfrac{1}{2} \times \dfrac{2}{\sqrt{5}-1}$。

所以 $1 - 2\sin^2 18° = \dfrac{\sqrt{5}+1}{4}$，解得 $\sin 18° = \dfrac{\sqrt{5}-1}{4}$。

在 ⊙O 中，连接 OP，如图 7-15 所示。

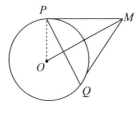

图 7 - 15

当 $OP \perp PM$ 时，OM 最大，此时 $\dfrac{OP}{OM} = \sin 18°$。

所以 $OM_{max} = \dfrac{2}{\sin 18°} = \dfrac{2}{\dfrac{\sqrt{5} - 1}{4}} = 2\sqrt{5} + 2$。

例 17（2021·广东重点中学 12 月联考）

过洋牵星术是中国古代航海所用的天文观察导航技术，是指用牵星板测量所在地的星辰高度，然后计算出该处的地理纬度，以此测定船只的具体航向。牵星板由 12 块正方形木板组成，木板的边长从小到大成等差数列，最小的一块边长约为 2 厘米（称一指），最大的一块边长约为 24 厘米（称十二指）。观测时，将木板立起，一手拿着木板，手臂伸直，眼睛到木板的距离大约为 72 厘米，使牵星板与海平面垂直，让板的下边缘与海平面重合，依高低不同替换、调整木板，当看被测星辰的视线恰好经过木板上边缘时所用的是几指板，观测的星辰距海平面的高度的指数就是几指，再推算出船在海中的地理纬度。如图 7 - 16 所示，若在一次观测中，所用的牵星板为六指板，则 $\tan 2\alpha = ($ $)$

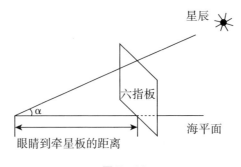

图 7 - 16

A. $\dfrac{12}{35}$ 　　　　　　　　　　　B. $\dfrac{1}{6}$

C. $\dfrac{12}{37}$ 　　　　　　　　　　　D. $\dfrac{1}{3}$

思维导引：求出六指板的边长，再计算 $\tan\alpha$，$\tan 2\alpha$ 的值。

解析：由题意知六指为 12 厘米，眼睛到牵星板的距离大约为 72 厘米，则

$$\tan\alpha = \dfrac{12}{72} = \dfrac{1}{6},\ \tan 2\alpha = \dfrac{2\tan\alpha}{1 - \tan^2\alpha} = \dfrac{2 \times \dfrac{1}{6}}{1 - \dfrac{1}{36}} = \dfrac{12}{35}。$$ 故选 A。

例 18

17 世纪德国著名的天文学家开普勒曾经这样说过："几何学里有两件宝，一个是勾股定理，另一个是黄金分割。如果把勾股定理比作黄金矿的话，那么可以把黄金分割比作钻石矿。"黄金三角形有两种，其中底与腰之比为黄金分割比的黄金三角形被认为是最美的三角形，它是一个顶角为36°的等腰三角形（另一种是顶角为 108°的等腰三角形）。例如，五角星由五个黄金三角形与一个正五边形组成，如图 7 - 17 所示，在其中一个黄金 $\triangle ABC$ 中，$\dfrac{BC}{AC} = \dfrac{\sqrt{5}-1}{2}$。根据这些信息，可得 $\sin 234° = ($ 　　 $)$

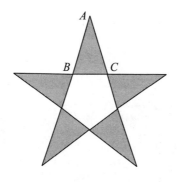

图 7 - 17

A. $\dfrac{1 - 2\sqrt{5}}{4}$ 　　　　　　　　B. $-\dfrac{3 + \sqrt{5}}{8}$

C. $-\dfrac{\sqrt{5} + 1}{4}$ 　　　　　　　　D. $-\dfrac{4 + \sqrt{5}}{8}$

解析：由题意可得 $\angle ACB = 72°$，且 $\cos\angle ACB = \dfrac{\frac{1}{2}BC}{AC} = \dfrac{\sqrt{5}-1}{4}$，

所以 $\cos 144° = 2\cos^2 72° - 1 = 2 \times \left(\dfrac{\sqrt{5}-1}{4}\right)^2 - 1 = -\dfrac{\sqrt{5}+1}{4}$，

所以 $\sin 234° = \sin(144° + 90°) = \cos 144° = -\dfrac{\sqrt{5}+1}{4}$。故选 C。

例 19

南宋时期的数学家秦九韶独立发现的计算三角形面积的"三斜求积术"，与著名的海伦公式等价，其求法是："以小斜幂并大斜幂减中斜幂，余半之，自乘于上，以小斜幂乘大斜幂减小，余四约之，为实。一为从隅，开平方得积。"若把以上这段文字写成公式，即 $S = \sqrt{\dfrac{1}{4}\left[a^2c^2 - \left(\dfrac{a^2+c^2-b^2}{2}\right)^2\right]}$。现有周长为 $2\sqrt{2}+\sqrt{5}$ 的 $\triangle ABC$ 满足 $\sin A : \sin B : \sin C = (\sqrt{2}-1) : \sqrt{5} : (\sqrt{2}+1)$，试用"三斜求积术"求得 $\triangle ABC$ 的面积为（　　）

A. $\dfrac{\sqrt{3}}{4}$　　　　　　　　B. $\dfrac{\sqrt{3}}{2}$

C. $\dfrac{\sqrt{5}}{4}$　　　　　　　　D. $\dfrac{\sqrt{5}}{2}$

解析：因为 $\sin A : \sin B : \sin C = (\sqrt{2}-1) : \sqrt{5} : (\sqrt{2}+1)$，

所以由正弦定理得 $a : b : c = (\sqrt{2}-1) : \sqrt{5} : (\sqrt{2}+1)$。

因为 $a+b+c = 2\sqrt{2}+\sqrt{5}$，所以 $a = \sqrt{2}-1$，$b = \sqrt{5}$，$c = \sqrt{2}+1$，

所以 $ac = 2-1 = 1$，$c^2 + a^2 - b^2 = 6 - 5 = 1$，

所以 $S = \sqrt{\dfrac{1}{4}\left[a^2c^2 - \dfrac{(a^2+c^2-b^2)^2}{2}\right]} = \dfrac{1}{2}\sqrt{1 - \dfrac{1}{4}} = \dfrac{\sqrt{3}}{4}$。故选 A。

例 20

我国南宋著名数学家秦九韶提出了由三角形三边求三角形面积的"三斜求积术"，设 $\triangle ABC$ 的三个内角 A，B，C 所对的边分别为 a，b，c，面积为 S，则"三斜求积术"公式为 $S = \sqrt{\dfrac{1}{4}\left[a^2c^2 - \left(\dfrac{a^2+c^2-b^2}{2}\right)^2\right]}$，若 $a^2\sin C = 5\sin A$，$(a+c)^2 = 16 + b^2$，则用"三斜求积术"公式求得 $\triangle ABC$ 的面积为（　　）

A. $\dfrac{\sqrt{3}}{2}$ 　　　　B. $\sqrt{3}$ 　　　　C. $\dfrac{1}{2}$ 　　　　D. 2

解析：$a^2\sin C=5\sin A$，$\therefore a^2c=5a$，即 $ac=5$。又 $(a+c)^2=16+b^2$，

$\therefore a^2+c^2-b^2=16-2ac=6$，从而 $\triangle ABC$ 的面积为 $\sqrt{\dfrac{1}{4}\left[5^2-\left(\dfrac{6}{2}\right)^2\right]}=2$。

故选 D。

例 21

3 世纪中期，我国古代数学家刘徽在《九章算术注》中提出了割圆术："割之弥细，所失弥少，割之又割，以至于不可割，则与圆合体，而无所失矣。"这可视为中国古代极限观念的佳作。割圆术可以视为将一个圆内接正 n 边形等分成 n 个等腰三角形（如图 7 – 18 所示），当 n 变得很大时，等腰三角形的面积之和近似等于圆的面积。运用割圆术的思想，可得到 $\sin 3°$ 的近似值为（　　）（π 取近似值 3.14）

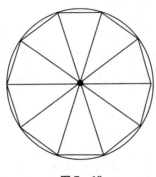

图 7 – 18

A. 0.012 　　　　B. 0.052 　　　　C. 0.125 　　　　D. 0.235

解析：当 $n=120$ 时，每个等腰三角形的顶角为 $\dfrac{360°}{120}=3°$，则其面积为 $S_{\triangle}$

$=\dfrac{1}{2}r^2\sin 3°$，

又因为等腰三角形的面积之和近似等于圆的面积，

所以 $120\times\dfrac{1}{2}r^2\sin 3°\approx\pi r^2\Rightarrow\sin 3°\approx\dfrac{\pi}{60}\approx0.052$。

故选 B。

四、概率统计与数学文化

例 22 （2021·四川南充适应性测试）

我国南宋数学家秦九韶所著《数学九章》中有一个"米谷粒分"问题，大意如下：粮仓开仓收粮，粮农送来米 1534 石，验得米内夹谷，抽样取米一把，数得 254 颗内夹谷 28 颗，则这批米内夹谷约（   ）

A. 164 石   B. 178 石   C. 169 石   D. 196 石

解析：由样本知夹谷所占比为 $\dfrac{28}{254}$，

所以这批米内夹谷约为 $1534 \times \dfrac{28}{254} \approx 169$（石）。

故选 C。

例 23 （2021·湖南郴州二检）

河图、洛书是中国古代流传下来的两幅神秘图案，蕴含了深奥的宇宙星象之理，被誉为"宇宙魔方"。河图的排列结构如图 7–19 所示，一与六共宗居下，二与七同为朋居上，三与八同道居左，四与九为友居右，五与十相守居中，其中，白圈为阳数，黑点为阴数，若从阳数和阴数中各取一数，则其差的绝对值大于 5 的概率为（   ）

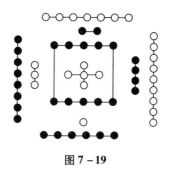

图 7–19

A. $\dfrac{4}{25}$ B. $\dfrac{7}{25}$

C. $\dfrac{8}{25}$ D. $\dfrac{2}{25}$

解析：阳数为 1，3，5，7，9，阴数为 2，4，6，8，10。

从阳数和阴数中各取一数，不同的方法种数共有 $5 \times 5 = 25$（种）。

满足差的绝对值大于 5 的取法有 $\{1, 8\}$，$\{1, 10\}$，$\{9, 2\}$，$\{3, 10\}$，共 4 种，故所求概率为 $P = \dfrac{4}{25}$。

故选 A。

例 24

"五行学说"是华夏民族创造的哲学思想，是华夏文明的重要组成部分。古人认为"天下万物皆由金、木、水、火、土五类元素组成"。如图 7 - 20 所示分别是金、木、水、火、土彼此之间存在的相生相克的关系。若从这五类元素中任选两类元素，则这两类元素相生的概率是（　　　）

图 7 - 20

A. $\dfrac{1}{2}$　　　　　　　　　　B. $\dfrac{1}{3}$

C. $\dfrac{1}{4}$　　　　　　　　　　D. $\dfrac{1}{6}$

解析：从金、木、水、火、土这五类元素中任选两类元素，共有 $C_5^2 = 10$ 种结果，其中两类元素相生的有火木、火土、木水、水金、金土 5 种结果，所以两类元素相生的概率为 $P = \dfrac{5}{10} = \dfrac{1}{2}$，故选 A。

例 25

如图 7-21 所示，我国古代珠算的算具——算盘中每个档（挂珠的杆）上有 7 颗算珠，用梁隔开，梁上面的 2 颗叫上珠，下面的 5 颗叫下珠，若从某一档的 7 颗算珠中任取 3 颗，其中至少含有一颗上珠的概率为（　　）

图 7-21

A. $\dfrac{5}{7}$ 　　　　　　　　　　　　B. $\dfrac{4}{7}$

C. $\dfrac{2}{7}$ 　　　　　　　　　　　　D. $\dfrac{1}{7}$

解析：所求概率为 $P = 1 - \dfrac{C_5^3}{C_7^3} = 1 - \dfrac{10}{35} = \dfrac{5}{7}$。

故选 A。

例 26

我国数学家陈景润在哥德巴赫猜想的研究中取得了世界领先的成果。哥德巴赫猜想是"每个大于 2 的偶数可以表示为两个素数的和"，如 $30 = 7 + 23$。在不超过 30 的素数中，随机选取两个不同的数，其和等于 30 的概率是_____。

解析：不超过 30 的素数有 2，3，5，7，11，13，17，19，23，29 共 10 个，随机选取两个不同的数共有 $C_{10}^2 = 45$（种）不同方法，因为 $7 + 23 = 11 + 19 = 13 + 17 = 30$，所以随机选取两个不同的数，其和等于 30 的有 3 种方法，故概率为 $\dfrac{3}{45} = \dfrac{1}{15}$，故答案为 $\dfrac{1}{15}$。

例 27

公元前 11 世纪，周朝数学家商高就提出"勾三、股四、弦五"。《周髀算经》中记录着商高同周公的一段对话。商高说："故折矩，勾广三，股修四，径隅五。"大意为"当直角三角形的两条直角边分别为 3（勾）和 4（股）时，径隅（弦）则为 5"。以后人们就把这个事实说成"勾三股四弦五"，根据该典故称勾股定理为商高定理。勾股数组是满足 $a^2 + b^2 = c^2$ 的正整数组 (a, b, c)。若在不超过 10 的正整数中，随机选取 3 个不同的数，则能组成勾股数组的概率是（ ）

A. $\dfrac{1}{10}$
B. $\dfrac{1}{5}$

C. $\dfrac{1}{60}$
D. $\dfrac{1}{120}$

解析：在不超过 10 的正整数中，随机选取 3 个不同的数，共有 $C_{10}^3 = 120$（种）组合方法，能组成勾股数组的情况有 $(3，4，5)$ 和 $(6，8，10)$ 两种，所以所求概率 $P = \dfrac{2}{120} = \dfrac{1}{60}$。

故选 C。

例 28

"总把新桃换旧符"（王安石）、"灯前小草写桃符"（陆游），春节是中华民族的传统节日。在宋代人们用写"桃符"的方式来祈福避祸，而现代人们通过贴"福"字、贴春联、挂灯笼等方式来表达对新年的美好祝愿。某商家在春节前开展商品促销活动，顾客凡购物金额满 50 元，则可以从"福"字、春联和灯笼这三类礼品中任意免费领取一件，若有 4 名顾客都领取一件礼品，则他们中有且仅有 2 人领取的礼品种类相同的概率是（ ）

A. $\dfrac{5}{9}$
B. $\dfrac{4}{9}$

C. $\dfrac{7}{16}$
D. $\dfrac{9}{16}$

解析：从"福"字、春联和灯笼这三类礼品中任意免费领取一件，

有 4 名顾客都领取一件礼品，基本事件总数 $n = 3^4 = 81$，

他们中有且仅有 2 人领取的礼品种类相同包含的基本事件个数 $m = C_4^2 A_3^3 = 36$，

则他们中有且仅有 2 人领取的礼品种类相同的概率是 $P = \dfrac{m}{n} = \dfrac{36}{81} = \dfrac{4}{9}$。

故选 B。

例 29

三国时期的吴国数学家赵爽根据一幅"勾股圆方图",用数形结合的方法给出了勾股定理的详细证明,他所绘制的勾股圆方图被后世称为"赵爽弦图"。如图 7-22 所示的图形就是根据赵爽弦图绘制而成的,图中的四边形都是正方形,三角形都是相似的直角三角形,且两条直角边长之比均为 2。现从整个图形内随机取一点,则该点取自小正方形(阴影部分)内的概率为(　　)

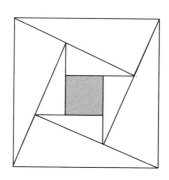

图 7-22

A. $\dfrac{1}{9}$

B. $\dfrac{1}{25}$

C. $\dfrac{1}{16}$

D. $\dfrac{1}{36}$

解析:如图 7-23 所示,给各点加上标签:

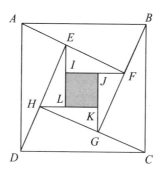

图 7-23

设 $HL=x$,则 $EL=2x$,$HE=\sqrt{5}x$。

正方形 $HEFG$ 的面积为 $5x^2$,正方形 $IJKL$ 的面积为 $5x^2-4\times\dfrac{1}{2}\times x\times 2x=x^2$,

则正方形 $IJKL$ 的边长为 x，

同理可得，$AE=\sqrt{5}x$，$DE=2\sqrt{5}x$，$AD=5x$，

则正方形 $ABCD$ 的面积为 $25x^2$，

故该点取自小正方形内的概率 $P=\dfrac{x^2}{25x^2}=\dfrac{1}{25}$。

故选 B。

例 30

如图 7-24 所示，是在竖直平面内的一个"通道游戏"，图中竖直线段和斜线段表示通道，并且在交点处相通，假设一个小弹子在交点处向左或向右是等可能的，若竖直线段有一条的为第 1 层，有两条的为第 2 层，……，依此类推，现有一颗小弹子从第一层的通道向下运动。

图 7-24

（1）求该小弹子落入第 4 层第 2 个竖直通道的概率；（从左到右数）

（2）猜想落入第 $n+1$ 层第 m 个竖直通道里的概率；

（3）该小弹子落入第 n 层第 $m-1$ 个竖直通道的概率与该小弹子落入第 n 层第 m 个竖直通道的概率之和等于多少？

解析：（1）因为小弹子在交点处向左或向右是等可能的，小弹子落入第 4 层第 1 个竖直通道的路径只有 1 条，小弹子落入第 4 层第 2 个竖直通道的路径有 3 条，落入第 3 个竖直通道的路径有 3 条，落入第 4 个竖直通道的路径有 1 条，故所求概率 $P=\dfrac{3}{1+3+3+1}=\dfrac{3}{8}$。

（2）设小弹子落入第 $n+1$ 层第 m 个竖直通道的概率为 $P_{(n+1,m)}$，根据杨辉

三角的特点可猜想，所求概率：$P_{(n+1,m)} = \dfrac{C_n^{m-1}}{C_n^0 + C_n^1 + C_n^2 + \cdots + C_n^n} = \dfrac{C_n^{m-1}}{2^n}$。

（3）因为 $C_{n-1}^{m-2} + C_{n-1}^{m-1} = C_n^{m-1}$，

所以 $\dfrac{C_{n-1}^{m-2}}{2^{n-1}} + \dfrac{C_{n-1}^{m-1}}{2^{n-1}} = \dfrac{C_n^{m-1}}{2^{n-1}} = 2 \cdot \dfrac{C_n^{m-1}}{2^n}$，即 $P_{(n,m-1)} + P_{(n,m)} = 2P_{(n+1,m)}$。

所以小弹子落入第 n 层第 $m-1$ 个竖直通道的概率与该小弹子落入第 n 层第 m 个竖直通道的概率之和等于小弹子落入第 $n+1$ 层第 m 个竖直通道的概率的两倍。

五、计数原理与数学文化

例 31（2021·重庆适应性考试）

作家马伯庸的小说《长安十二时辰》中，靖安司通过长安城内的望楼传递信息。假设某望楼传递信息的方式如下：如图 7 – 25 所示，在九宫格中，每个小方格可以在白色和紫色（此处以阴影代表紫色）之间变换，从而一共可以有 512 种不同的颜色组合，即代表 512 种不同的信息。现要求每一行、每一列上至多有一个紫色小方格（图 7 – 25 即满足要求），则此时一共可以传递 ＿＿＿＿＿＿种信息。（用数字作答）

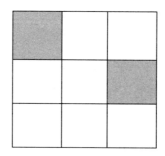

图 7 – 25

思维导引：根据紫色小方格最多有 3 个可分为 4 类，在每一类中找出符合题意的方格填法，即信息种数，最后用分类加法计数原理相加即可。

解析：按出现紫色小方格块数分类。

（1）不出现紫色小方块：有 1 种信息。

（2）出现 1 个紫色小方块：有 $C_9^1 = 9$（种）信息。

（3）出现 2 个紫色小方块：有 $C_3^2 \cdot C_3^1 \cdot C_2^1 = 18$（种）信息。

（4）出现 3 个紫色小方块：有 $C_3^1 \cdot C_2^1 \cdot C_1^1 = 6$（种）信息。

所以此时一共可以传递 $1 + 9 + 18 + 6 = 34$（种）信息。

例 32（2021·河北衡水二中新高考助力卷）

《九章算术》中有一问题："今有大夫、不更、簪袅、上造、公士，凡五人，共出百钱，欲令高爵出少以次渐多，问各几何。"在这个问题中，大夫、不更、簪袅、上造、公士是古代五个不同爵次的官员，现将这 5 个官员分成 3 组派去三地执行公务（每地至少去 1 人，每人只去一地），则不同的方案有（　　）

A. 150 种　　　　　B. 180 种　　　　C. 240 种　　　　D. 300 种

解析：由题意知，可分两种情况讨论。

① 分组人数为 3，1，1，共有 $\dfrac{C_5^3 C_2^1 C_1^1}{A_2^2} \times A_3^3 = 60$（种）不同的方案。

② 分组人数为 2，2，1，共有 $\dfrac{C_5^2 C_3^2 C_1^1}{A_2^2} \times A_3^3 = 90$（种）不同的方案。

所以不同的方案有 $60 + 90 = 150$（种）。

故选 A。

例 33

"杨辉三角"是中国古代重要的数学成就，它比西方的"帕斯卡三角形"早了 300 多年。如图 7 - 26 所示是由"杨辉三角"拓展而成的三角形数阵，记 a_n 为图中虚线上的数 1，3，6，10，…构成的数列 $\{a_n\}$ 的第 n 项，则 a_{100} 的值为（　　）

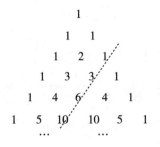

图 7 - 26

A. 5049　　B. 5050

C. 5051　　D. 5101

解析：本题考查观察法求数列的通项公式。由题意得

$a_1=1$，$a_2=3=1+2$，$a_3=6=1+2+3$，$a_4=10=1+2+3+4$，…

观察规律可得：$a_n=1+2+3+\cdots+n=\frac{n(n+1)}{2}$，

所以 $a_{100}=\frac{100(100+1)}{2}=5050$。

故选 B。

例 34

杨辉是中国南宋末年的一位杰出的数学家、教育家。杨辉三角是杨辉的一项重要研究成果，它的许多性质与组合数的性质有关，杨辉三角中蕴藏了许多优美的规律。如图 7－27 所示是一个 9 阶杨辉三角。

第 0 行　1 ………第 1 斜列
第 1 行　1　1………第 2 斜列
第 2 行　1　2　1…………第 3 斜列
第 3 行　1　3　3　1…………第 4 斜列
第 4 行　1　4　6　4　1………第 5 斜列
第 5 行　1　5　10　10　5　1……第 6 斜列
第 6 行　1　6　15　20　15　6　1…第 7 斜列
第 7 行　1　7　21　35　35　21　7　1…第 8 斜列
第 8 行　1　8　28　56　70　56　28　8　1…第 9 斜列
第 9 行　1　9　36　84　126　126　84　36　9　1…第 10 斜列

图 7－27

（1）求第 20 行中从左到右的第 4 个数；

（2）若第 n 行中从左到右第 14 个数与第 15 个数的比为 $\frac{2}{3}$，求 n 的值；

（3）求 n 阶（包括 0 阶）杨辉三角的所有数的和。

解析：

（1）由题意得，第 n 行从左到右第 $m+1$ 个数为 C_n^m（$n\in\mathbf{N}$，$m\in\mathbf{N}$ 且 $m\leqslant n$）。

∴ 第 20 行中从左到右的第 4 个数为 $C_{20}^3 = \dfrac{20 \times 19 \times 18}{3 \times 2 \times 1} = 1140$。

（2）由题意得：∵ 第 n 行中从左到右第 14 个数与第 15 个数的比为 $\dfrac{2}{3}$，

∴ $\dfrac{C_n^{13}}{C_n^{14}} = \dfrac{2}{3}$，可化简 $\dfrac{14}{n-13} = \dfrac{2}{3}$，解得 $n = 34$。

（3）$1 + 2 + 2^2 + \cdots + 2^n = \dfrac{1 - 2^{n+1}}{1 - 2} = 2^{n+1} - 1$。

例 35

南宋杨辉在他 1261 年所著的《详解九章算术》一书中记录了一种三角形数表，称之为"开方作法本源"图，即现在著名的"杨辉三角"。图 7 – 28 是一种变异的杨辉三角，它是将数列 $\{a_n\}$ 各项按照上小下大、左小右大的原则写成的，其中 $\{a_n\}$ 是集合 $\{2^s + 2^t \mid 0 \leqslant s < t,\ 且\ s,\ t \in \mathbf{Z}\}$ 中所有的数从小到大排列的数列，即 $a_1 = 3$，$a_2 = 5$，$a_3 = 6$，$a_4 = 9$，$a_5 = 10$，…下列结论正确的是（　　）

$$3$$
$$5 \qquad 6$$
$$9 \qquad 10 \qquad 12$$
$$\cdots$$

图 7 – 28

A. 第四行的数是 17，18，20，24

B. $a_{\frac{n(n+1)}{2}} = 3 \cdot 2^{n-1}$

C. $a_{\frac{n(n-1)}{2}+1} = 2n + 1$

D. $a_{100} = 16640$

解析：利用 $(s,\ t)$ 来表示每一项，由题可知：

第一行：3（0，1）

第二行：5（0，2），6（1，2）

第三行：9（0，3），10（1，3），12（2，3）

第四行：17（0，4），18（1，4），20（2，4），24（3，4）

故 A 正确；

$a_{\frac{n(n+1)}{2}}$ 表示第 n 行的第 n 项，则 $a_{\frac{n(n+1)}{2}} = 2^{n-1} + 2^n = 3 \cdot 2^{n-1}$，

故 B 正确；

由 $a_{\frac{n(n-1)}{2}+1}$ 表示第 n 行的第 1 项，则 $a_{\frac{n(n-1)}{2}+1}=2^0+2^n=1+2^n$，

故 C 错误；

又 a_{100} 表示第 14 行的第 9 项，所以 $a_{100}=2^8+2^{14}=16640$

故 D 正确。

故选 ABD。

第八章

国内外著名
数学家

一、毕达哥拉斯

一些人认为，希腊数学家毕达哥拉斯是最早的伟大数学家之一，生活在公元前570年到公元前495年，他因为成立毕达哥拉斯学派而出名。亚里士多德指出，这一学派是最早积极研究和推动数学发展的团体之一。

此外，勾股定理的发现也使他获得了普遍赞誉。然而，有人对此提出了质疑。有人认为是他的学生，有人认为是300年前居住在印度的包德哈亚那发现的勾股定理。尽管如此，这一定理的影响，与大部分基础数学知识一样，直到如今才被人们普遍感受到。它在现代测量和技术设备上发挥了重大作用，而且也是其他大部分数学领域知识和定理的基础。但是，与绝大多数古老的理论不同，它不仅促进了几何学的发展，而且证明了积极研究数学是有价值的尝试。因此，他被称为"现代数学的创始人"。

二、阿基米德（公元前287—公元前212）

阿基米德，伟大的古希腊哲学家、百科式科学家、数学家、物理学家、力学家、静态力学和流体静力学的奠基人，并且享有"力学之父"的美称，阿基米德、高斯、牛顿并列为世界三大数学家。阿基米德曾说过："给我一个支点，我就能撬起整个地球。"

阿基米德确立了静力学和流体静力学的基本原理。给出许多求几何图形重心，包括由抛物线和其网平行弦线所围成图形的重心的方法。阿基米德证明物体在液体中所受浮力等于它所排开液体的重量，这一结果后来被称为阿基米德原理。他还给出正抛物旋转体浮在液体中平衡稳定的判据。阿基米德发明的机械有引水用的水螺旋，能牵动满载大船的杠杆滑轮机械，能说明日食、月食现象的地球－月球－太阳运行模型。但他认为机械发明比纯数学低级，因而没有写这方面的著作。阿基米德还采用不断分割法求椭球体、旋转抛物体等的体积，这种方法已具有积分计算的雏形。

阿基米德流传于世的著作有10余种，多为希腊文手稿。他的著作集中探讨了求积问题，主要是曲边图形的面积和曲面立方体的体积，其体例深受欧几里得《几何原本》的影响，先是假设，再以严谨的逻辑推论得到证明。他不断地寻求一般性原则而用于特殊的工程上。他的作品始终融合数学和物理。

除此之外，阿基米德还有一篇非常重要的著作，是一封给埃拉托斯特尼的信，遗失后重新被发现，后来以《阿基米德方法》为名刊行于世，它主要讲研究力学原理去发现问题的方法。

三、莱昂哈德·欧拉（1707.4—1783.9）

莱昂哈德·欧拉，瑞士数学家、自然科学家。欧拉是18世纪数学界最杰出的人物之一，他不但为数学界做出贡献，更把整个数学推至物理的领域。他是数学史上最多产的数学家，平均每年写出八百多页的论文，还写了大量的力学、分析学、几何学、变分法等课本，《无穷小分析引论》《微分学原理》《积分学原理》等都成为数学界的经典著作。欧拉对数学的研究如此广泛，因此，在许多数学的分支中也可经常见到以他的名字命名的重要常数、公式和定理。此外，欧拉还涉及建筑学、弹道学、航海学等领域。瑞士教育与研究国务秘书 Charles Kleiber 曾表示："没有欧拉的众多科学发现，我们将过着完全不一样的生活。"法国数学家拉普拉斯则认为："读读欧拉，他是所有人的老师。"

在数学领域，18世纪可正确地称为"欧拉世纪"。欧拉是18世纪数学界的中心人物。他是继牛顿（Newton）之后最重要的数学家之一。在他的数学研究成果中，首推第一的是分析学。欧拉把由伯努利家族继承下来的莱布尼茨学派的分析学内容进行整理，为19世纪数学的发展打下了基础。他还把微积分法在形式上进一步发展到复数范围，并对偏微分方程、椭圆函数论、变分法的创立和发展留下先驱的业绩。在《欧拉全集》中，有17卷属于分析学领域。

四、艾萨克·牛顿（1643.1—1727.3）

艾萨克·牛顿爵士，英国皇家学会会长，英国著名的物理学家，百科全书式的"全才"，著有《自然哲学的数学原理》《光学》。

在数学上，牛顿与戈特弗里德·威廉·莱布尼茨分享了发展微积分学的荣誉。微积分的出现，成了数学发展中除几何与代数以外的另一重要分支——数学分析（牛顿称为"借助于无限多项方程的分析"），并进一步发展为微分几何、微分方程、变分法等，这些又反过来促进了理论物理学的发展。微积分的创立是牛顿最卓越的数学成就。牛顿的另一项被广泛认可的成就是广义二项式定理，它适用于任何幂。他发现了牛顿恒等式、牛顿法，分类了立方面曲线（两个变量的三次多项式），为有限差理论做出了重大贡献，并首次使用了分式指数和坐标几何学得到丢番图方程的解。他用对数趋近了调和级数的部分和（这是欧拉求和公式的一个先驱），并首次有把握地使用幂级数和反转（revert）幂级数。他还发现了 π 的一个新公式。

五、约翰·卡尔·弗里德里希·高斯（1777.4—1855.2）

约翰·卡尔·弗里德里希·高斯，德国著名数学家、物理学家、天文学家、几何学家、大地测量学家。高斯被认为是世界上最重要的数学家之一，享有"数学王子"的美誉。

1794 年，年仅 17 岁的高斯就发现了质数分布定理和最小二乘法。通过对足够多的测量数据的处理后，可以得到一个新的、概率性质的测量结果。在此基础上，高斯专注于曲面与曲线的计算，并成功得到高斯钟形曲线（正态分布曲线）。其函数被命名为标准正态分布（或高斯分布），并在概率计算中大量使用。次年，仅用尺规便构造出了 17 边形，并为流传了 2000 年的欧氏几何提供了自古希腊时代以来的第一次重要补充。高斯总结了复数的应用，并且严格证明了每一个 n 阶的代数方程必有 n 个实数或者复数解。在他的第一本著作《算术研究》中，做出了二次互反律的证明，成为数论继续发展的重要基础。在这部著作的第一章，导出了三角形全等定理的概念。

高斯在最小二乘法基础上创立的测量平差理论的帮助下，测算天体的运行轨迹。他用这种方法测算出了小行星谷神星的运行轨迹。奥地利天文学家 Heinrich Olbers 根据高斯计算出来的轨道成功地发现了谷神星。高斯将这种方法发表在其著作《天体运动论》中。

六、勒内·笛卡尔（1596.3—1650.2）

勒内·笛卡尔，法国哲学家、数学家、物理学家。他对现代数学的发展做出了重要贡献，因将几何坐标体系公式化而被认为是"解析几何之父"。他还是西方现代哲学思想的奠基人之一，是近代唯物论的开拓者，提出了"普遍怀疑"的主张。他的哲学思想深深影响了之后的几代欧洲人，并为欧洲的"理性主义"哲学奠定了基础。

笛卡尔最为世人熟知的是其作为数学家的成就。他于 1637 年发明了现代数学的基础工具之一——坐标系，将几何和代数相结合，创立了解析几何学。同时，他也推导出了笛卡尔定理等几何学公式。值得一提的是，传说著名的心形线方程也是由笛卡尔提出的。解析几何的创立是数学史上一次划时代的转折。而平面直角坐标系的建立正是解析几何得以创立的基础。直角坐标系的创建，在代数和几何上架起了一座桥梁，它使几何概念可以用代数形式来表示，几何图形也可以用代数形式来表示，于是代数和几何就这样合为"一家人"了。笛卡尔在坐标系这方面的研究结合了代数与欧几里得几何，对于后来解析几何、微积分与地图学的建树，具有关键的开导力。

七、约瑟夫·拉格朗日（1736.1—1813.4）

约瑟夫·拉格朗日全名为约瑟夫·路易斯·拉格朗日，法国著名数学家、物理学家。他在数学、力学和天文学三个学科领域中都有历史性的贡献，其中尤以数学方面的成就最为突出。

拉格朗日科学研究所涉及的领域极其广泛。他在数学上最突出的贡献是使数学分析与几何和力学脱离开来，使数学的独立性更为明显，从此数学不再仅仅是其他学科的工具。拉格朗日总结了 18 世纪的数学成果，同时又为 19 世纪的数学研究开辟了道路，堪称法国最杰出的数学大师。近百年来，数学领域的许多新成就都可以直接或间接地溯源于拉格朗日的工作。所以他在数学史上被认为是对分析数学的发展产生全面影响的数学家之一。

八、戈特弗里德·威廉·莱布尼茨（1646.7—1716.11）

戈特弗里德·威廉·莱布尼茨，德国哲学家、数学家，历史上少见的通才，被誉为 17 世纪的亚里士多德。他本人是一名律师，经常往返于各大城镇，他许多的公式都是在颠簸的马车上完成的，他自称具有男爵的贵族身份。莱布尼茨在数学史和哲学史上都占有重要地位。在数学上，他和牛顿先后独立发现了微积分，而且他所使用的微积分的数学符号被更广泛地使用，莱布尼茨所发明的符号被普遍认为更综合，适用范围更加广泛。莱布尼茨还发明并完善了二进制。莱布尼茨是最早接触中华文化的欧洲人之一，他曾经从一些前往中国的传教士那里接触到中国文化，之前应该从马可·波罗引起的东方热留下的影响中也了解过中国文化。法国汉学大师若阿基姆·布韦向莱布尼茨介绍了《周易》和八卦的系统。在莱布尼茨眼中，"阴"与"阳"基本上就是他的二进制的中国版。他曾断言："二进制乃是具有世界普遍性的、最完美的逻辑语言。"如今在德国图林根州，著名的郭塔王宫图书馆内仍保存一份莱氏的手稿，标题写着"1 与 0，一切数字的神奇渊源"。

九、欧几里得（公元前 330—公元前 275）

欧几里得，古希腊数学家，被称为"几何之父"。他最著名的著作《几何原本》是欧洲数学的基础，在书中他提出五大公设。欧几里得也写了一些关于透视、圆锥曲线、球面几何学及数论的作品。欧几里得将公元前 7 世纪以来希腊几何积累的丰富成果，整理在严密的逻辑系统运算中，使几何学成为一门独立的、演绎的科学。

十、祖冲之（429—500）

祖冲之，字文远，范阳郡遒县（今河北省涞水县）人，南北朝时期杰出的数学家、天文学家。出身范阳祖氏。一生钻研自然科学，其主要贡献在数学、天文历法和机械制造三个方面。他在刘徽开创的探索圆周率精确方法的基础上，首次将"圆周率"精算到小数点后第 7 位，即在 3.1415926 和 3.1415927 之间，他提出的"祖率"对数学的研究有重大贡献。直到 16 世纪，阿拉伯数学家阿尔·卡西才打破了这一纪录。

圆周率的应用很广泛，尤其是在天文、历法方面，凡牵涉圆的一切问题，都要使用圆周率来推算。如何正确地推求圆周率的数值，是世界数学史上的一个重要课题。祖冲之算出圆周率（π）的真值在 3.1415926 和 3.1415927 之间，相当于精确到小数点后第 7 位，简化成 3.1415926，祖冲之因此入选世界纪录协会世界第一位将圆周率值计算到小数点后第 7 位的科学家。祖冲之还给出圆周率（π）的两个分数形式：22/7（约率）和 355/113（密率），其中密率精确到小数点后第 7 位。祖冲之对圆周率数值的精确推算值，对于中国乃至世界是一个重大贡献，后人将"约率"用他的名字命名为"祖冲之圆周率"，简称"祖率"。由他撰写的《大明历》是当时最科学最进步的历法，对后世的天文研究提供了正确的方法。其主要著作有《安边论》《缀术》《述异记》《历议》等。

十一、刘徽（225—295）

刘徽，汉族，山东滨州邹平市人，魏晋期间伟大的数学家，中国古典数学理论的奠基人之一。刘徽思维敏捷，方法灵活，既提倡推理又主张直观。他是中国最早明确主张用逻辑推理的方式来论证数学命题的人。在中国数学史上做出了极大的贡献，他的杰作《九章算术注》和《海岛算经》是中国最宝贵的数学遗产。其中，《九章算术》是由国家组织力量编纂的一部官方性数学教科书，对两汉时期数学的发展产生了很大影响。

刘徽在数学上的贡献极多，在开方不尽的问题上提出"求徽数"的思想，此方法与后来求无理根的近似值的方法一致，它不仅是圆周率精确计算的必要条件，而且促进了十进制小数的产生；在线性方程组解法中，他创造了比直除法更简便的互乘相消法，与现今解法基本一致，并在中国数学史上第一次提出了"不定方程问题"；他还建立了等差级数前 n 项和公式；提出并定义了许多数学概念：如幂（面积）、方程（线性方程组）、正负数等。刘徽还提出了许多公认正确的判断作为证明的前提。他的大多数推理、证明都合乎逻辑，十分严谨，从而把《九章算术》及他自己提出的解法、公式建立在必然性的基础上。

十二、华罗庚（1910.11—1985.6）

华罗庚，祖籍江苏丹阳，数学家，中国科学院院士，美国国家科学院外籍院士，第三世界科学院院士，联邦德国巴伐利亚科学院院士，中国科学院数学研究所研究员、原所长。

华罗庚作为当代自学成长的科学巨匠和誉满中外的著名数学家，一生致力于数学研究和发展，并以科学家的博大胸怀提携后进和培养人才，以高度的历史责任感投身于科普和应用数学推广，为数学科学事业的发展做出了杰出贡献，为祖国现代化建设付出了毕生精力。他主要从事解析数论、矩阵几何学、典型群、自守函数论、多复变函数论、偏微分方程、高维数值积分等领域的研究，并解决了高斯完整三角和的估计难题、华林和塔里问题改进、一维射影几何基本定理证明、近代数论方法应用研究等；被列为芝加哥科学技术博物馆中当今世界 88 位数学伟人之一；国际上以华氏命名的数学科研成果有"华氏定理""华氏不等式""华—王方法"等。华罗庚培养出众多优秀青年，如王元、陈景润、万哲先、陆启铿、龚升等。

十三、陈景润（1933.5—1996.3）

陈景润，福建福州人，中国著名数学家。1957 年 10 月，由于华罗庚教授的赏识，陈景润被调到中国科学院数学研究所。1973 年发表了"1＋2"的详细证明，被公认为是对哥德巴赫猜想研究的重大贡献。1981 年当选为中国科学院学部委员（院士），曾任国家科委数学学科组成员，中国科学院原数学研究所研究员，《数学学报》主编。

陈景润主要从事解析数论方面的研究，并在哥德巴赫猜想研究方面取得国际领先的成果。20 世纪 50 年代，他对高斯圆内格点、球内格点、塔里问题与华林问题做了重要改进。自 60 年代以来，对筛法及其有关重要问题做了深入研究，1966 年 5 月证明了命题"1＋2"，将 200 多年来人们未能解决的哥德巴赫猜想的证明大大推进了一步，这一结果被国际上誉为"陈氏定理"，其后他又对此做了改进。

十四、陈省身（1911.10—2004.12）

陈省身，祖籍浙江嘉兴，是 20 世纪最伟大的几何学家之一，被誉为"微分几何之父"；前中央研究院首届院士、美国国家科学院院士、第三世界科学院创始成员、英国皇家学会国外会员、意大利国家科学院外籍院士、法国科学院外籍院士、中国科学院首批外籍院士。

陈省身发展了 Gauss – Bonnet（高斯—博内）公式，被命名为"Gauss – Bonnet –陈省身公式"，提出了"陈氏示性类"；他发展微分纤维丛理论，其影响遍及数学的各个领域；创立复流形上的值分布理论，包括 Bonnet –陈定理，影响及于代数论；他为广义的积分几何奠定基础，获得基本运动学公式；他所引入的陈氏示性类与陈 – Simons 微分式，已深入数学以外的其他领域，成为理论物理的重要工具。陈省身在整体微分几何上的卓越成就，影响了整个数学的发展，被杨振宁誉为继欧拉、高斯、黎曼、嘉当之后又一里程碑式的人物。

十五、苏步青（1902.9—2003.3）

苏步青，浙江温州平阳人，中国科学院院士，中国著名的数学家、教育家，中国微分几何学派创始人，被誉为"东方国度上灿烂的数学明星""东方第一几何学家""数学之王"。

苏步青主要从事微分几何学和计算几何学等方面的研究，在仿射微分几何学和射影微分几何学研究方面取得出色成果，在一般空间微分几何学、高维空间共轭理论、几何外形设计、计算机辅助几何设计等方面取得突出成就。创建了国际公认的中国微分几何学派；在 70 多岁高龄时，还结合解决船体数学放样的实际课题，创建和开始了计算几何的新研究方向。

十六、吴文俊（1919.5—2017.5）

吴文俊，祖籍浙江嘉兴，数学家，中国科学院院士，中国科学院数学与系统科学研究院研究员，系统科学研究所名誉所长。吴文俊毕业于交通大学数学系，1949 年，获法国斯特拉斯堡大学博士学位；1957 年，当选为中国科学院学部委员（院士）；1991 年，当选第三世界科学院院士；陈嘉庚科学奖获得者，2001 年 2 月，获 2000 年度国家最高科学技术奖。吴文俊的研究工作涉及数学的诸多领域，其主要成就表现在拓扑学和数学机械化两个领域。他为拓扑学做了奠基性的工作；他的示性类和示嵌类研究被国际数学界称为"吴公式"，"吴示性类""吴示嵌类"，至今仍被国际同行广泛引用。

拓扑学是现代数学的支柱之一，也是许多数学分支的基础。吴文俊从 1946 年开始研究拓扑学，1974 年后转向中国数学史研究，30 年中在拓扑学领域取得了一系列重大成果，其中最著名的是"吴示性类"和"吴示嵌类"的引入以及"吴公式"的建立。中国传统数学强调构造性和算法化，注意解决科学实验和生产实践中提出的各类问题，往往把所得到的结论以各种原理的形式予以表述。吴文俊把中国传统数学的思想概括为机械化思想，指出它是贯穿于中国古代数学的精髓。吴文俊列举大量事实说明，中国传统数学的机械化思想为近代数学的建立和发展做出了不可磨灭的贡献。1986 年，吴文俊第二次被邀请到国际数学家大会介绍这一发现。

十七、丘成桐（1949—　）

丘成桐，原籍广东省梅州市蕉岭县，1949 年出生于广东汕头，同年随父母移居香港，美籍华人，国际知名数学家，菲尔兹奖首位华人得主，美国国家科学院院士、美国艺术与科学院院士、中国台湾中央研究院院士、中国科学院外籍院士。现任香港中文大学博文讲座教授兼数学科学研究所所长、哈佛大学William Casper Graustein 讲座教授、清华大学丘成桐数学科学中心主任。

丘成桐证明了卡拉比猜想、正质量猜想等，是几何分析学科的奠基人，以他的名字命名的卡拉比 – 丘流形，是物理学中弦理论的基本概念，对微分几何和数学物理的发展做出了重要贡献。他的贡献深刻变革并极大地扩展了偏微分方程在微分几何中的作用，影响遍及拓扑学、代数几何、表示理论、广义相对论等众多数学和物理领域。